国 家 中 职 示 范 校
优质核心专业课程系列教材

U0719664

职业素养

○主 编 黄 冰
○参 编 曹 丽

西安交通大学出版社
XI'AN JIAOTONG UNIVERSITY PRESS

内容提要

本教材以职业学校学生走上工作岗位以后应该具备的综合职业素质和社会、企业对于员工的一些要求为出发点，从文明礼貌、诚实守信、纪律严明、执行坚决、团队合作、友爱自信、勤奋坚韧、严谨负责、积极主动、进取创新、敬业感恩、乐观健康等方面讲述一些基本的道理，力求使学生了解并养成符合社会常理的行为准则。全书没有涉及高深的理论，而是注重一些基本的常识性的做法和要求，目的是使学生们走上工作岗位后能够适应社会和企业的要求，养成良好的行为习惯和道德准则，避免因违反一些简单的基本要求而付出惨痛的教训。

图书在版编目(CIP)数据

职业素养 / 黄冰主编;曹丽编. —西安:西安交通大学出版社,2013.12(2022.9 重印)
国家中职示范校优质核心专业课程系列教材
ISBN 978 - 7 - 5605 - 5775 - 5

Ⅰ.①职…　Ⅱ.①黄… ②曹…　Ⅲ.①职业道德—中等专业学校—教材　Ⅳ.①B822.9

中国版本图书馆 CIP 数据核字(2013)第 245037 号

书　　名	职业素养
主　　编	黄　冰
策划编辑	曹　昳
责任编辑	陈　昕　曹　昳
出版发行	西安交通大学出版社
	(西安市兴庆南路 1 号　邮政编码 710048)
网　　址	http://www.xjtupress.com
电　　话	(029)82668357　82667874(市场营销中心)
	(029)82668315(总编办)
传　　真	(029)82668280
印　　刷	西安日报社印务中心
开　　本	880mm×1230mm　1/16　印张 8.5　字数 121 千字
版次印次	2014 年 4 月第 1 版　2022 年 9 月第 5 次印刷
书　　号	ISBN 978 - 7 - 5605 - 5775 - 5
定　　价	18.00 元

如发现印装质量问题,请与本社市场营销中心联系。
订购热线:(029)82665248 (029)82667874
投稿热线:(029)82668502 QQ:8377981
电子信箱:lg_book@163.com

○一二基地高级技工学校
陕西航空技师学院

国家中职示范校建设项目

━━━ 优质核心专业课程系列教材编委会 ━━━

顾　问：雷宝岐　李西安　张春生

主　任：李　涛

副主任：毛洪涛　刘长林　刘万成　时　斌　张卫军　庞树庆
　　　　杨　琳　曹　昳

委　员：付　延　尹燕军　杨海东　谢　玲　黄　冰　殷大鹏
　　　　洪世颖*　杜应开*　杨青海*　李晓军*　何含江*　胡伟雄*
　　　　王再平*

　　　　（注：标注有*的人员为企业专家）

《职业素养》编写组

主　编：黄　冰

参　编：曹　丽

　　《职业素养》一书是为了使职业学校学生在校期间了解社会和企业对于员工的基本要求，并养成一些基本的行为习惯而编写的。目的是让学生们走上工作岗位后能够适应社会和满足企业的要求。

　　本教材按照20学时设计，主要分文明礼貌、诚实守信、纪律严明、执行坚决、团队合作、友爱自信、勤奋坚韧、严谨负责、积极主动、进取创新、敬业感恩、乐观健康等共十二章，同时附录了某企业集团的厂纪厂规。

　　本教材参考了有关企业的培训讲义的内容，在此表示感谢。

　　由于编者水平有限，书中难免有疏漏和不足之处，敬请批评指正。

编　者

2014年1月

C目录
Contents

第一章

文 明 礼 貌

学习目的

通过学习，了解文明礼貌的基本含义和讲文明、讲礼貌的重要意义，自觉养成一种良好的习惯。

本章重点

※什么是文明礼貌

※为什么要讲文明礼貌

※怎样才能做到文明礼貌

也许你学识渊博，也许你能言善辩，也许你位高权重，可是仅仅拥有这些，你也不一定会成为一个受欢迎的人。人际交往中，别人喜欢或者憎厌的感情，可能是由于你是否懂礼节所导致的。同时，这也可能是决定你事业成功或失败的关键因素。不知你发现没有，当我们接触一个人之后，常常会给他一些评语："这个人素质高，有风度"；"这个人有教养，谈吐文雅"；"这个人太差劲，连句客气话都不会说"；"这个人俗不可耐，满嘴脏话"……可见，在人际交往中，必须要有良好的文明礼貌。具有良好文明礼貌的人，才会有效地赢得他人的好感，被人尊重，受人欢迎。

讲文明、讲礼貌是做人的起点。每个人来到世上，学习做人就是从讲文明礼貌开始的。在孩子咿呀学语期间，父母首先教其文明礼貌；进入学校，老师教其文明礼貌；到社会上，时时处处都要求人们讲文明礼貌。文明礼貌不仅给他人、给社会带来愉快和谐，也能创造充满爱心的环境，给自己带来快乐，带来温馨。在现代社会生活中，在我们国家阔步走向世界的时候，文明礼貌已经成为资源环境、国家形象的一个组成部分。

第一节 文明礼貌概述

文明是社会的进步状态，标志人类在改造客观世界和主观世界过程中，创造物质财富和精神财富的程度。

礼貌是指一个人在语言、行动上表现出来的谦虚和恭敬。"礼"是向他人表示尊敬和友好，"貌"是包括言谈、举动在内的仪表。礼貌是道德规范的基本内容之一。

一个有礼貌的人，理应是一个有道德、讲文明的人。简单讲就是你的所作所为别人可以接受，不会影响到他人。就礼貌外在的表现来说，它是表示尊重、友好的态度、语言和动作；就内在的蕴含来说，它是一种尊重人、与人友好相处的心态。礼貌既是一个社会的风俗习惯，又是一种职业的专门要求，它与粗俗、野蛮相对立，是人类社会进步的产物。礼貌主要体现在一整套具体的礼节、礼仪之中。这些具体的规定就是人与人之间的道德规范。

那么，为什么要做一个文明礼貌的人呢？

1、内强素质

内在素质是一个人的灵魂，外在形象是一个人的衣裳。一个有品位的人，不仅有美丽的外表，还有醇香浑厚的内涵，是众人眼中的一道坚韧的风景线，经得起岁月的侵蚀，令人弥久不忘。

作为现代人，你跟别人打交道也好，做好本职工作也好，恰到好处地展示自己的素质都是非常重要的。教养体现于细节，细节展示素质。言谈、举止，其实都是个人的素养问题。

一家大型医院要招聘一名科室业务骨干，来应聘的人很多，最终剩下两名医生。他们在医学领域中都是精英，医术不相上下，院长对他们视如珍宝一般不肯放弃一个。院长说，你们两个我都录用了，你们要为医院创造效益。两人都很高兴，但是院长没有把他们放在重要的科室去施展才华，相反，把他们放在不起眼的小科室里。这小科室不仅不起眼，而且几乎没病人。院长说了，你们努力创业吧，从小事做起，有什么需要帮助，我会支持你们的。

几个月下来，两人都很辛苦，科室仍没起色。其中一个医生经不住外院医生的诱惑，由于利益关系，他把好不容易来看病的病人悄悄介绍给了外院，并且拿了不菲的回扣。而另一个医生对此现象不为所动并深恶痛绝。其实这场有关个人利益的游戏是院长一手策划的，他说，招聘工作到此才真正结束，我需要的人才不仅要医术好，而且还要有一颗为医院整体利益着想的心。

内强素质，不只是个人的事情，而且是一个整体的事情；不只是关系医术精湛的事情，还是个道德修养的事情；不只是昙花一现的事情，更是个高瞻远瞩的事情。

2、外塑形象

在工作交往中，职工个人形象代表组织形象，代表产品和服务形象。有鉴于此，我们一定要时刻维护好自身形象。

3、增进交往

礼貌是文明交往的前提。

无论是在家庭，还是在学校、社会，每个青少年都会遇到如何与人交往、沟通的问题。青少年在交往中遇到的问题如果得不到及时、正确的解决，就会妨碍他们找到自信、肯定自己，给自己的花季年华留下种种遗憾和愧疚，甚至在成年后仍会困扰他们。据调查研究资料表明，社交问题在困扰学生的所有问题中排第一位。

现代人都有这样的欲望：要多交朋友。一个人不管愿意不愿意，必然和别人打交道。礼貌作为一种行为规范和处世方式，起着"调节和润滑"人际关系的作用，使人与人实现和谐交流。人际关系具有互动性，这种互动性表现为思想和行为的互动过程。

4、礼貌是一种文明习惯

不同的群体，不同的民族，不同的场合，都有一套为人们所共同遵守的礼貌习俗。这种习俗是在人们的长期交往中约定俗成的，违背了就要受到指责。因此礼貌与习俗有着密切的联系，礼貌受着习俗的制约。从语言上来说，外国人称先生、小姐，而我们中国人则称领导、同志；从礼节上来说，外国人见面可以拥抱、接吻，而我们中国人的传统习惯是鞠躬、作揖、握手。

■因小失大的应聘者

北京某大公司高薪招聘，引来一大批高素质人才竞相角逐。经过

一系列的筛选，剩下五人接受最后面试。这些人都已过五关斩六将，以为最后的面试只是走走过场而已，没什么要紧。于是他们都满怀信心地走进经理办公室，这时，经理说，不好意思，年轻人，我有点事要暂时出去二十分钟，你们能等我吗？五人异口同声地说，当然可以。经理出去了，在办公室里无聊等待的他们看到办公桌上有很多文件，便都凑过去，一摞摞地翻看，不亦乐乎。二十分钟后，经理准时回来了，说，面试到此结束。几个年轻人莫名其妙，不禁问，我们还在等你呢，怎么就结束了？经理说，我出去的二十分钟就是你们的面试时间，我们公司不需要未经人同意便随便翻看别人东西的人，虽然你们都很优秀，但是连最基本的礼节都不懂，我们不要。五人哑口，深为自己的鲁莽而懊悔。小行不检，大过也！

■福特的故事

福特大学毕业后，去一家汽车公司应聘。和他同时应聘的三、四个人都比他学历高，当前面几个人面试之后，他觉得自己没有什么希望了。但既来之，则安之。他敲门走进了董事长办公室，一进办公室，他发现门口地上有一张纸，弯腰捡了起来，是一张渍纸，便顺手把它扔进了废纸篓里。然后才走到董事长的办公桌前，说："我是来应聘的福特。"董事长说："很好，很好！福特先生，你已被我们录用了。"福特惊讶地说："董事长，我觉得前几位都比我好，你怎么把我录用了？"董事长说："福特先生，前面三位的确学历比你高，且仪表堂堂，但是他们眼睛只能'看见'大事，而看不见小事。你的眼睛能看见小事，我认为能看见小事的人，将来自然看到大事，一个只能'看见'大事的人，他会忽略很多小事，是不会成功的。所以，我才录用你。"福特就这样进了这个公司，这个公司不久就扬名天下，福特把这个公司改名为"福特公司"，也相应改变了整个美国国民经济状况，使美国汽车产业在世界占居鳌头。这就是今天"美国福特公司"的创造人福特的故事。看见小事的人能看见大事，但只能"看见"大事的人，不一定能看见小事，这是很重要的教训。

■张良拜师

张良（？—前186年）是西汉高祖刘邦的军师，他的祖先是韩国人。在秦灭韩后，张良立志为韩国报仇。有一次，因刺杀秦始皇未遂，受到追捕而避居到下邳。

张良在下邳闲暇无事。有一天他到下邳圯桥上散步，碰到一个老人，穿着粗布短衣，走到张良旁边，故意把他的鞋子掉到桥下。然后回过头来冲着张良说："孩子！下桥去给我把鞋子拾上来！"张良听了一愣，很想打他一下，但一看他是个老人，就强忍着怒气，到桥下把鞋拾了上来。那老人竟又命令说："把鞋子给我穿上！"张良一想，既然已经给他拾来了鞋子，不如就给他穿上吧，于是就跪在地上给他穿鞋。那老人把脚伸着，让张良给他穿好后，就笑嘻嘻地走了。张良一直用惊奇的目光注视着他的去向。那老人走了不远，又折回身来，对张良说："你这个孩子是能培养成才的。五天以后的早上，天一亮，就到这里来同我会面！"张良跪下来说："是。"第五天天刚亮，张良到了圯桥上。不料那老人已经等在那里了，见了张良就生气地说："和老人约会，怎么迟到了？五天以后的早上再来相会！"说完就离去了。到第五天早上，鸡一叫，张良就赶去，可是那老人又等在那里了，见了张良又生气地说："怎么又掉在我后面了？过了五天再早点来！"说完又走了。到第五天，张良没到半夜就赶到桥上，等了好久，那老人也来了，他高兴地说："这样才好。"然后他拿出一本书来，指着说道："认真研读这本书，就能做帝王的老师了！过十年，天下形势有变，你就会发迹了。十三年以后，你会在济北郡谷城山下看到我——那儿有块黄石就是我了。"老人说完就走了。

早上天亮时，张良拿出那本书来一看，原来是《太公兵法》（辅佐周武王伐纣的姜太公的兵书）！张良十分珍爱它，经常熟读，反复地学习、研究。

十年过去了，陈胜等人起兵反秦，张良也聚集了100多人响应。沛公刘邦率领了几千人马，在下邳的西面攻占了一些地方，张良就归附于他，成为他的部属。从此张良根据《太公兵法》经常向沛公献计献策，沛公认为很好，常常采用他的计谋，后来成了刘邦运筹帷幄、决胜千里的军师。刘邦称帝后，封他为留侯。

张良始终不忘那个给他《太公兵法》的老人。十三年后，他随从刘邦经过济北时，果然在谷城山下看见有块黄石，并把它取回，称之为"黄石公"，作为珍宝供奉起来，按时祭祀。张良死后，家属把这块黄石和他葬在一起。

■程门立雪

"程门立雪"这个成语家喻户晓。它出自宋代著名理学家杨时求学的故事。

程颢、程颐是洛阳伊川人，同是宋代著名儒学家。二程学说，后来为朱熹继承和发展，世称"程朱学派"。杨时、游酢向二程求学，非常恭敬。杨、游二人，原先以程颢为师，程颢去世后，他们都已四十岁，而且已考上了进士，然而他们还要去找程颐继续求学。故事就发生在他们初次到嵩阳书院，登门拜见程颐的那天。

相传，一日杨时、游酢来到嵩阳书院拜见程颐，正遇上这位老先生闭目养神，坐着假睡。程颐明知有两个客人来了，他却不言不动，不予理睬。杨、游二人怕打扰先生休息，只好恭恭敬敬，肃然待立，一声不吭等候他睁开眼来。如此等了好半天，程颐才假装如梦初醒，见了杨、游，故作一惊说道："啊！啊！贤辈早在此乎！"意思是说你们两个还在这儿没走啊。那天正是冬季很冷的一天，天上还下着雪。程颐对二人说话时，门外积雪已有一尺多深。

这个故事就叫"程门立雪"，在宋代读书人中流传很广，后来形容尊敬老师、诚恳求教时，人们就往往引用这个典故和这句成语。

名言警句

礼貌是人类文明共处的金钥匙；播种文明、收获温馨；美是文明、美是智慧、美是奉献；勿以恶小而为之，勿以善小而不为。

第二节 文明礼貌行为

中华民族素以重"礼节"而著称，但日常生活中很多人却有着一些不良的习惯，如便后不冲马桶、随地吐痰、乱丢垃圾、坐公交车抢座、排队加塞、大庭广众脱鞋脱袜、赤膊袒胸、吃自助餐多拿多占、遇有纠纷恶语相向……这些行为严重损害了中国"礼仪之邦"的形象，且引起海内外舆论的广泛关注和批评，人民群众反映强烈。我们在日常生活中应该怎么做呢？

图1　在公交车上要主动给老、幼、病、残、孕让座

图2　提高公民文明素质，塑造中国公民良好国际形象

1、谈话文明

在社会交往中，谈话是人与人最基本的沟通方式。人们常说"言为心声"。在人际交往中，谈话既是人与人之间交流感情、增进了解的最重要的手段，又是讲究"听其言，观其行"，考察他人人品的标准之一。在现实生活中，要想在谈话中获得成功，使人容易接受，应做到声音美、语言美和态度美。

（1）声音美

首先，要尽可能地在谈话时调低音量；其次，语调要尽可能地柔美自然；再次，发音要清晰易懂；最后，发音的速度要不快不慢（每分钟120字左右）。

（2）语言美

通过一个人谈话中所使用的语言，可以了解其阅历、教养和志趣。

要做到语言美，除了谈话时的语言要亲切、自然之外，还应随时随地有意识地使用礼貌用语，这是文明人应具备的基本素养，也是以敬人之心赢得尊重的基本方式。谈话中忌用口头禅、家乡话及揭别人短处的话语，应常使用文明用语。如需要别人帮忙时，可说"请您帮忙好吗""麻烦您帮一下忙可以吗"

"请问去办公室怎么走""请递给我"。"请"字不是多余的，多含有谦虚、尊重对方的意思，可以使语气委婉。多说"请"字，不仅代表了个人的内心修养，还表现了对别人的尊重。多使用礼貌用语，不仅有利于双方气氛融洽，而且有益于交际。只要你的言谈举止彬彬有礼，人们就会对你良好的个人修养留下深刻的印象。

（3）态度美

在谈话中语气、语态、神色、表情都要专心致志，聚精会神。在谈话中，以适当的动作来加重语气是允许的，但也不要从头到尾手舞足蹈，使舞台化倾向过于明显。谈话中禁止揉眼睛、打哈欠、伸懒腰、掏耳朵、修指甲、玩手机……这些动作都会使人感到你心不在焉，傲慢无理。

2、接打电话文明

越是一些细微的小事，人们越容易忽略它的重要性。就像接打电话一样，普通的不能再普通的一件事，也同样能反映我们的情绪、修养、礼貌，甚至影响我们个人和公司形象。既然接打电话这么重要，那我们应该怎么做呢？

（1）打电话要分清楚时间

打电话尽量选择上班时间，每天早上7点前、晚上22点以后和一日三餐时间，都不该给别人打电话，免得影响别人休息及用餐，当然如有重要事情可以立即打电话。

（2）打电话要分清楚地点

会议中严禁接打电话，将手机关机或调至静音状态；开车时严禁接打电话，以免发生意外。

（3）电话内容要提前准备

给谁打电话，准备说些什么，要考虑周详，重要电话应草拟通话提纲。这样利于接通后交谈，并节约通话时间。如果临时翻阅笔记，查找数据，而让对方握着话筒等候，则有失礼貌。如果万一所找的人不在，可否请其他人转告，也要事先决定，以免临时失言。需要将通话内容记录下来的，还应准备好笔和记录本。通话时间不宜过长。

（4）接打电话语言及举止要文明

通话要有礼貌，电话接通后，先说"您好"，自报家门，然后告诉对方要找的人，很有礼貌地请对方接电话的人帮忙转接。转接电话时一定要注意礼貌用语，并用手捂住话筒，注意隔音。在接打电话时，无论坐或站，都应减少动作。不可在接打电话时继续进食，不可与身边人打招呼或是小声讨论问题。

3、日常行为文明

一个人日常的行为举止，往往可以反应这个人的修养、文明和受教育程度，它既关系到人的自身成长，也直接影响到人与人之间的交往及公司形象。那么，在日常行为中我们要注意什么？

（1）良好的坐姿

坐姿和站姿关系人的身体成长，也影响着人际交往，它被视为个人修养的一项重要内容。

（2）养成良好的礼貌

例如，见到教师要打招呼；办事时人多要排队；上完厕所一定要冲水并冲干净等。

（3）良好的个人卫生习惯

例如，不随地吐痰，不乱丢垃圾；勤换衣服常洗澡，脏衣服要及时清洗；按标准着装，不可蓬头垢面；头发、指甲不可过长；吃饭时严禁大声喧哗等。

（4）忌讳小动作

和别人交流时习惯将头歪向一边；说话时常在自己脸上摸来摸去；把手放入口袋；不停地玩手边的东西；和别人交谈中抖腿、晃动身子；见到熟悉的人不打招呼；乘坐公交车时坐专用座位；公共场合使用家乡话等，都是日常行为中应当避免的。

名言警句

爱人者，人恒爱之；敬人者，人恒敬之。

——孟子

怀着善意的人，是不难于表达他对人的礼貌的。

——［法］卢梭

一个人的礼貌，就是一面照出他的肖像的镜子。

——［德］歌德

有礼貌不一定总是智慧的标志，可是不礼貌总使人怀疑其愚蠢。

——［英］兰道尔

有一种内在的礼貌，它是同爱联系在一起的：它会在行为的外表上产生出最令人愉快的礼貌。

——［德］歌德

人无礼则不生，事无礼则不成，国无礼则不守。

——孔子

课堂练习

1）模拟每日早上做礼仪（可分别充当礼仪学员或途径的学员）。

2）模拟在公交车站问路的情景（到3201医院，到新华书店）。

3）模拟到教师办公室签请假单。

4）模拟到系主任办公室打扫卫生的情景，设计一段台词。

5）模拟接打电话的情景，设计一段台词。

6）路途行进中与教师、学生打招呼（点头问好）。

要求：学生进行场景模拟，模拟完毕后由其他同学指出其问题点，并进行总结，以使每位学生都能熟练掌握以上环节。

课后作业

你认为日常生活中哪些行为对我们影响最大？你认为应该如何做才可以被别人接受？并以"我是一名文明人"为题，写一篇心得体会。

第二章

诚 实 守 信

通过学习，了解诚实守信的基本含义和重要意义，自觉遵守诚实守信的道德规范。

本章重点

※什么是诚实守信
※诚实守信的意义和作用
※怎样才能做到诚实守信

我国是个文明古国、礼仪之邦，历来重视诚实守信的道德修养。东汉许慎的《说文解字》说："信，诚也。"古代的圣贤哲人对诚信有诸多阐述："君子之言，信而有征"，征就是证明、验证的意思；"言之所以为言者，信也；言而不信，何以为言"，就是说每个人说话要算数；"诚信者，天下之结也"，意思是说讲诚信，是天下行为准则的关键。孔子也多次讲过诚信，如："信则人任焉"；"自古皆有死，民无信不立"。孟子论诚信："至诚而不动者，未之有也；不诚，未有能动者也。"荀子认为"养心莫善于诚"。墨子也极讲诚信："志不强者智不多达，言不信者行不果。"老子把诚信作为人生行为的重要准则："轻诺必寡信，多易必多难。"庄子也极重诚信："真者，精诚之至也。不精不诚，不能动人。"庄子把"本真"看做是精诚之极至，不精不诚，就不能感动人。这就把诚信提高到一个新的境界。韩非子则认为"巧诈不如拙诚"。总之，古代的圣贤哲人把诚信作为一项崇高的美德加以颂扬。"诚"和"信"是不自欺，是内心和外部行为合一的道德修养境界，一般人是很难做到的。原因是人的内心总会有冲突，一方面知道要为善去恶，而另一方面为情欲所蔽，"欲动情胜"，所以内心总会有不自愿遵行道德的想法。因此，我们要经常进行诚实守信的道德教育。诚实守信，是真，是善，是美，是"真、善、美"的统一，只有不断地进行自我修养，才能达到这一美好境界。

第一节 什么是诚实守信

诚实守信是忠诚老实、信守诺言，是为人处事的一种美德。所谓诚实，就是忠诚老实，不讲假话。所谓守信，就是信守诺言，说话算数，讲信誉、重信用，履行自己应承担的义务。

诚实的人能忠实于事物的本来面目，不歪曲、不篡改事实，同时也不隐瞒自己的真实思想，光明磊落、言语真切、处事实在。诚实的人反对投机取巧、趋炎附势、吹拍奉迎、见风使舵、争功推过、弄虚作假、口是心非。一个忠诚老实的人对客观事物的认识能力也是有限的，不可能事事时时准确地反映客观事物的内在循环。因此，忠诚老实的人也有可能犯错误，但虚伪的人犯错误则是由于不诚实，属于道德品质问题。

诚实和守信两者意思是相通的，是互相联系在一起的。诚实是守信的基础，守信是诚实的具体表现。不诚实很难做到守信，不守信也很难说是真正的诚实。"诚"是真实不欺，"信"也是真实不欺。诚实侧重于对客观事实的反映是真实的，对自己内心的思想、情感的表达是真实的；守信侧重于对自己应承担、履行的责任和义务的忠实，毫无保留地实践自己的诺言。

■有关诚信的成语

一言既出，驷马难追；言必信，行必果；精诚所至，金石为开；一诺千金，一言九鼎，抱诚守真，赤诚相待，言而有信。

名言警句

不诚则有累，诚则无累。

——杨时

诚实是力量的一种象征，它显示着一个人的高度自重和内心的安全感与尊严感。

——[美]艾琳·卡瑟

诚实是人生的命脉，是一切价值的根基。

——[美]德莱塞

第二节 诚实守信的意义和作用

对于一个国家而言，"诚信"可以说是立国之本。对于一个社会单位（如一个企业）、一项社会事业（如一个行业、一项职业）而言，"诚信"可以说是立业之本。"诚信"作为一项普遍适用的道德规范和行为准则，是建立行业之间、单位之间以及人与人之间互信、互利的良性互动关系的道德杠杆。很难设想，一个不讲诚信、不守信用的单位或企业，在现代法治社会之中会有长期立足之地。一项社会事业也只有依靠诚信立业，才能顺利发展。

图3　要诚实守信搞经营，童叟无欺风格高

对于每个社会成员而言，"诚信"是立身之本、处世之宝。诚实是做人的底线。一个人只要真诚地待人处事，就容易获得他人的合作，甚至有人为你吃亏也不在乎。一个人种下什么，就会收获什么。我们如果真诚对待别人，别人也会真诚对待我们。所谓讲信用就是要说话算数、遵守诺言。做人最要紧的是以信待人，当人们认为一个人可信的时候，他就是一个坦诚的人。失信于人、说话不算数、许诺不兑现，意味着你丢失了为人的起码品质，在别人眼中你丢掉了为人的信誉。现代社会是信誉社会，对于个人来说，信誉代表着形象，代表着人格。要想在形象和人格上获得依赖和尊重，就需要树立个人的可信度。如果你损失了一些金钱，还容易弥补；如果你失去了信誉，那一切都完了。"诚信"精神就是培养人高尚的道德情操，指引人们正确处理各种关系的重要道德准则。个人以诚立身，就会做到公正无私、不偏不倚；讲究信用，就能守法、守约、取信于人，就能妥善处理好人与人、个人与社会的关系。

我们可以说，"诚信"的原则和精神，是促进社会主义市场经济健康发展的道德基石；对加强社会成员的个人道德涵养，提升全民族的文明素质，培养有知识、有作为、讲道德、守法纪的一代公民具有重要作用。它是立国、立业之本，也是个人安身立命的精神法宝。

中国古代诚信小·故事汇编

■晏殊信誉的树立

北宋词人晏殊，素以诚实著称。在他十四岁时，有人把他作为人才举荐给皇帝宋真宗。真宗召见了他，并要他与一千多名进士同时参加考试。结果晏殊发现考试题目是自己十天前刚练习过的，就如实向真宗报告，并请求改换其它题目。真宗非常赞赏晏殊的诚实品质，便赐给他"同进士出身"。

晏殊当职时，正值天下太平。京城的大小官员便经常到郊外游玩或在城内的酒楼茶馆举行各种宴会。晏殊家贫，无钱出去吃喝玩乐，只好在家里和兄弟们读写文章。有一天，真宗提升晏殊为辅佐太子读书的东宫官。大臣们惊讶异常，不明白真宗为何做出这样的决定。真宗说："近来群臣经常游玩饮宴，只有晏殊闭门读书，如此自重谨慎，正是东宫官合适的人选。"晏殊谢恩后说："我其实也是个喜欢游玩饮宴的人，只是家贫而已。若我有钱，也早就参与宴游了。"这两件事，使晏殊在群臣面前树立起了信誉，而宋真宗也更加信任他了。

■立木为信与烽火戏诸侯的对比

战国时，秦国的商鞅在秦孝公的支持下主持变法。当时处于战争频繁、人心惶惶之际，为了树立威信，推进改革，商鞅下令在都城南门外立一根三丈长的木头，并当众许下诺言：谁能把这根木头搬到北门，赏金十两。围观的人不相信如此轻而易举的事能得到如此高的赏赐，结果没人肯出手一试。于是，商鞅将赏金提高到五十两。重赏之下必有勇夫，终于有人站起将木头扛到了北门。商鞅立即赏了他五十两金。商鞅这一举动，在百姓心中树立起了威信，而商鞅接下来的变法就很快在秦国推广开了。新法使秦国渐渐强盛，最终统一了中国。

而同样在商鞅"立木为信"的地方，在早它四百年以前，却曾发生过一场令人啼笑皆非的"烽火戏诸侯"的闹剧。

周幽王有个宠妃叫褒姒，为博取她的一笑，周幽王下令在都城附近二十多座烽火台上点起烽火——烽火是边关报警的信号，只有在外敌入侵需召诸侯来救援的时候才能点燃。结果诸侯们见到烽火，率领兵将们匆匆赶到，弄明白这是君王为博妃子一笑的花招后又愤然离去。褒姒看到平日威仪赫赫的诸侯们手足无措的样子，终于开心一笑。五年后，西夷犬戎大举攻周，幽王再燃烽火而诸侯未到——谁也不愿再上第二次当了。结果幽王被逼自刎，而褒姒也被俘虏。

一个"立木取信"，一诺千金；一个帝王无信，戏玩"狼来了"的游戏。结果前者变法成功，国强势壮；后者自取其辱，身死国亡。可见，"信"对一个国家的兴衰存亡起着非常重要的作用。

■《郁离子》中记载了一个因失信而丧生的故事

济阳有个商人过河时船沉了，他抓住一根大麻杆大声呼救。有个渔夫闻声而致。商人急忙喊："我是济阳最大的富翁，你若能救我，给你一百两金子。"待被救上岸后，商人却翻脸不认账，只给了渔夫十两金子。渔夫责怪他不守信，出尔反尔。富翁说："你一个打渔的，一生都挣不了几个钱，突然得十两金子还不满足吗？"渔夫只得

快快而去。不料想后来那富翁又一次在原地翻船了。有人欲救，那个曾被他骗过的渔夫说："他就是那个说话不算数的人！"于是商人淹死了。商人两次翻船而遇同一渔夫是偶然的，但商人的不得好报却是在意料之中的。因为一个人若不守信，便会失去别人对他的信任。所以，一旦他处于困境，便没有人再愿意出手相救。失信于人者，一旦遭难，只有坐以待毙。

■ 季布"一诺千金"免遭祸殃

秦末有个叫季布的人，一向说话算数，信誉非常高，许多人都同他建立起了浓厚的友情。当时甚至流传着这样的谚语："得黄金百斤，不如得季布一诺。"后来，他得罪了汉高祖刘邦，被悬赏捉拿。结果他旧日的朋友不仅不被重金所惑，而且冒着灭九族的危险来保护他，使他免遭祸殃。这就是成语"一诺千金"的由来。

一个人诚实有信，自然得道多助，能获得大家的尊重和友谊。反过来，如果贪图一时的安逸或小便宜，失信于朋友，表面上是得到了"实惠"，但为了这点实惠他毁了自己的声誉，而声誉比物质重要得多。所以，失信于朋友，无异于失了西瓜捡了芝麻，得不偿失。

海外诚信小·故事汇编

■ 诚信的力量

早年，尼泊尔的喜马拉雅山南麓很少有外国人涉足。后来，许多日本人到这里观光旅游，据说这是源于一位少年的诚信。

一天，几位日本摄影师请当地一位少年代买啤酒，这位少年为此跑了三个多小时。第二天，那个少年又自告奋勇地再替他们买啤酒。这次摄影师们给了他很多钱，但直到第三天下午那个少年还没回来。于是，摄影师们议论纷纷，都认为那个少年把钱骗走了。第三天夜里，那个少年却敲开了摄影师的门。原来，他在一个地方只购得四瓶啤酒，于是，他又翻了一座山，趟过一条河才购得另外六瓶，返回时摔坏了三瓶。他哭着拿着碎玻璃片，向摄影师交回零钱，在场的人无不动容。这个故事使许多外国人深受感动。后来，到这儿的游客就越来越多。

■将军墓与孩子冢

在纽约的河边公园里矗立着"南北战争阵亡战士纪念碑"，每年有许多游人来祭奠亡灵。美国第十八届总统、南北战争时期担任北方军统帅的格兰特将军的陵墓，坐落在公园的北部。陵墓高大雄伟、庄严简朴。陵墓后方，是一大片碧绿的草坪，一直绵延到公园的边界、陡峭的悬崖边上。格兰特将军的陵墓后边，更靠近悬崖边的地方，还有一座小孩子的陵墓。那是一座极小极普通的墓，在任何其它地方，你都可能会忽略它的存在。它与绝大多数美国人的陵墓一样，只有一块小小的墓碑。在墓碑和旁边的一块木牌上，却记载着一个感人至深的关于诚信的故事：

故事发生在两百多年以前的1797年。这一年，这片土地的小主人才五岁时，不慎从这里的悬崖上坠落身亡。其父伤心欲绝，将他埋葬于此，并修建了这样一个小小的陵墓，以作纪念。数年后，家道衰落，老主人不得不将这片土地转让。出于对儿子的爱心，他对今后的土地主人提出一个奇特的要求，他要求新主人把孩子的陵墓作为土地的一部分，永远不要毁坏它。新主人答应了，并把这个条件写进了契约。这样，孩子的陵墓就被保留了下来。

沧海桑田，一百年过去了。这片土地不知道辗转卖过了多少次，也不知道换过了多少个主人，孩子的名字早已被世人忘却，但孩子的陵墓仍然还在那里。它依据一个又一个的买卖契约，被完整无损地保存下来。到了1897年，这片风水宝地被选中作为格兰特将军陵园。政府成了这块土地的主人，无名孩子的墓在政府手中完整无损地保留下来，成了格兰特将军陵墓的邻居。一个伟大的历史缔造者之墓，和一个无名孩童之墓毗邻，这可能是世界上独一无二的奇观。

又一个一百年以后，1997年的时候，为了缅怀格兰特将军，当时的纽约市长朱利安尼来到这里。那时，刚好是格兰特将军陵墓建立一百周年，也是小孩去世两百周年的时间。朱利安尼市长亲自撰写了这个动人的故事，并把它刻在木牌上，立在无名小孩陵墓的旁边，让这个关于诚信的故事世世代代流传下去……

■诚信的胜利

一个士兵，非常不善于长跑，所以在一次部队的越野赛中很快就远落人后，一个人孤零零地跑着。转过了几道弯，遇到了一个岔路口：一条路，标明是军官跑的；另一条路，标明是士兵跑的小径。他停顿了一下，虽然对做军官连越野赛都有便宜可沾感到不满，但是仍然朝着士兵的小径跑去。没想到过了半个小时后到达终点，却是名列第一。他感到不可思议，自己从来没有取得过名次不说，连前五十名也没有跑过。但是，主持赛跑的军官笑着恭喜他取得了比赛的胜利。

过了几个钟头后，大批人马到了，他们跑得筋疲力尽，看见他赢得了胜利，也觉得奇怪。但是突然大家醒悟过来，在岔路口诚实守信，是多么重要。

第三节 怎样才能做到诚实守信

汉朝的桓宽在《盐铁论·世务》一书中说到，"虽有诚信之心，不知权变，危亡之道也"，意思是说虽然有诚信的态度，但不知用什么方式方法去建立，也是会导致危亡的。要做到诚实守信，必须做到以下几点。

1、必须要有实事求是的态度，能够坦率回答问题

有不少人不肯承认自己对某个问题不了解，反而装出一副在行的样子。实际上，对于自己不知道的事情，坦率地说不知道，可以给人以正直、诚实的强烈印象。勇敢地说"不知道"，也就显示出你对其他事情是知道的，这种自信在不知不觉中就会传达给对方。

2、要培养言出必行的作风

《论语》一书中有"言必信，行必果"一说，意思是说出去的话必须要算数，做事必须坚决，有结果。古代有"曾子杀猪"的故事。曾子是孔子的学生，故事说的是，曾子的妻子上街，她的儿子也要跟着去，她就骗儿子说："你别跟我去，回来我给你杀猪吃肉。"儿子相信了，当曾妻从街上回来时，曾子真的已经把猪给杀了，曾妻很恼怒跟曾子说："你怎么真的把猪给杀了，我是在骗儿子呀。"曾子听后很认真的说："对小孩子不能讲假话，要说到做到，不然小孩会学会不诚实、不守信用的。"同事之间相处，也要以诚相待，要做到答应人家的事就一定要办到，没把握的事不答应，没根据的话不说。向老师请假说出去头药就要到药店，让两个小时返回必须在两个小时内返回，决不能办事不讲信用，做事不讲诚实，那样，不但失去了亲人、领导、同事的信任，也失去了做人最基本的诚实守信品质。因此，我们应该做到实事求是、言行一致，在完成各项工作和日常生活、学习、交往中，养成诚实守信的品质。

3、失误后不辩解

不要为自己的失误辩解，这样很容易让人产生工作不负责任、找借口的印象，而应该诚恳地道歉，然后提出改善方法，以弥补过失。即使是无法挽救的事情，也要尽量减少损失。这样才可以表现你强烈的责任感和诚意，让人刮目相看。成功的人找方法，失败的人找理由。

4、要有强烈的时间观念

约定好的时间一定要提前或准时到达，决不能迟到。如果一个人没有时间

观念，会让人认为没有信用，做事不可信。香港华人首富李嘉诚告诉别人，他的时间永远比别人快十分钟，这样他不管做什么事都可以保证不会迟到。

课堂练习

1）模拟甲告诉乙在某地某时请其吃饭，而甲却没有去，双方见面后的情景。并讨论一个人没有诚信，会给自己的工作和生活带来什么危害？

2）模拟一学生上课迟到后进入教室的情景（老师正在上课），并讨论一个人迟到带来的危害，如何做才可以避免迟到。

3）模拟现场一个员工加工工件异常后，找出多个理由来敷衍主管，并讨论可能会带来的危害。

4）讨论考试过程中作弊的危害。

课后作业

你认为日常生活及学习、工作中，哪些行为属于诚实可信？这些行为可以为我们带来什么好处？如果没有做到诚实守信会有哪些危害？并以"诚实守信，做人之本"为题，写一篇心得体会。

第三章

纪 律 严 明

通过学习，了解纪律的基本含义和严格执行纪律的重要性，自觉养成一种良好的习惯。

本章重点

※什么是纪律

※严格遵守纪律的重要性

※怎样严格遵守纪律

在学校，从学生的日常生活、行为准则、服装与仪表、实习与教学，到人身与财产安全、假期等有详尽、明确的规定。这些规章制度对于学生的行为有着很强的约束力。

纪律是严明的。英国克莱尔公司首席培训师加培力总是这样说："纪律就是高压线，它高高地悬在那里，只要你稍微注意一下，或者不是故意去碰它的话，你就是一个遵守纪律的人。看遵守纪律就是这么简单。"

第一节 什么是纪律

纪律是在一定社会条件下形成的、一种集体成员必须遵守的规章、条例的总合，是要求人们在集体生活中遵守秩序、执行命令和履行职责的一种行为规则。纪律具有社会性、历史性、阶级性和强制性的特点。

一般地说，纪律有三种基本含义：a.纪律是指惩罚；b.纪律是指通过施加外来约束达到纠正行为的目的的手段；c.纪律是指对自身行为起作用的内在约束力。这三层意思概括了纪律的基本内涵，同时也反映出良好纪律的形成过程，是一个由外在的强迫逐步过渡到内在自律的过程。纪律好比风筝与线，没有线的制约，哪有风筝的高翔。

■列宁遵守纪律的小故事

有一次，列宁到一个地方开会。走到会场门口，被卫兵挡住了，要检查他的证件。后边走来一个留小胡子的人，向卫兵说："这是列宁同志，快放他进去！"卫兵回答说："我没见过列宁同志。再说，不管是谁，都要检查的，这是纪律。"列宁出示了自己的证件，卫兵一看果然是列宁，马上敬礼说："对不起，列宁同志，请您进会场吧！"列宁握着卫兵的手说："我们每个人都要遵守革命的纪律，卫兵同志，你履行了自己的职责，做得很对。"列宁和卫兵的行为都充分体现了遵守纪律的高度自觉性。

■孙武三令五申

春秋时，有个著名的军事家叫孙武，吴王为了试试他的才能，从宫中选出一百八十名宫女，让孙武训练。孙武命令宫女手拿长戟分成两队，并且让吴王最宠爱的两个妃子当队长。孙武定了几条规矩，又再三重申了命令。但当孙武发令后，宫女们只觉得好玩，根本就不服从。孙武把命令又详细说了一遍。当他再次发出命令时，宫女们还是笑着不动。孙武于是命令左右把队长推出去砍头。这回宫女们害怕了，都整齐认真地操练起来，不敢当作儿戏了。吴王也不得不佩服孙武的才能。

无规矩不成方圆。任何一个社会、一个国家、一个政党、一个军队都有维护自己利益的纪律，古今中外，概莫能外。

纪律就是我们学习的第一条件。纪律可以帮助我们打造良好的学习环境；纪律是我们塑造人格的第一步。

所以，有纪律才有真正的自由。或者说纪律是自由的保证。对于大家而言，纪律是学习的保证，也是安全的保证。不要一提纪律就只想到罚站、停课，甚至认为纪律=整人，纪律=惩罚。换个角度想，严格的作息保证了我们多少学习时间，科学的生活方式使我们的身体更加强健，全面的防范使我们消除了多少安全隐患。总之，遵规守纪会给我们带来很多的好处，所以我们必须感激纪律。

名言警句

不要过分地醉心于放任自由，一点也不加以限制的自由，它的害处与危险实在不少。

——［俄］克雷洛夫

任何一个新的社会制度都要求人与人之间有新的关系，新的纪律。

——［俄］列宁

如果你敢于宣称自己是受限制的，你就会感到自己是自由的。

———［德］歌德

没有纪律，就既不会有平心静气的信念，也不能有服从，也不会有保护健康和预防危险的方法了。

———［俄］赫尔岑

要有必要的清规戒律。

———毛泽东

挣断线的风筝不仅不会得自由，反而会一头栽向大地。

———佚名

自由是在法律许可的范围内，做任何事的权利。

———［法］孟德斯鸠

纪律是胜利之母。

———［俄］苏沃洛夫

节制是一种秩序，一种对于快乐与欲望的控制。

———［古希腊］柏拉图

一个人应该：活泼而守纪律，天真而不幼稚，勇敢而不鲁莽，倔强而有原则，热情而不冲动，乐观而不盲目。

———［德］马克思

学校没有纪律便如磨坊没有水。

———［捷克］夸美纽斯

秩序是自由的第一条件。

———［德］黑格尔

第二节 严格遵守纪律的重要性

一个团结协作、富有战斗力和进取心的团队，必定是一个有纪律的团队。同样，一个积极主动、忠诚敬业的员工，也必定是一个具有强烈纪律观念的员工。可以说，纪律永远是忠诚、敬业、创造力和团队精神的基础。如果公司没有严格的纪律就会处于松散状态，长此以往，公司会逐渐衰败下去。试想，学校的学生想来就来，想走就走，想出操就出操，心情不好就不出，把学校当成旅馆，这样在学校还能学到东西、能有前途吗？而且这对学生本身也无任何好处，他会把这种散漫带到企业工作中去，造成单位对学生和学校的信用危机。

1943年3月6日，巴顿临危受命为第二军军长。他以严格的铁的纪律带领第二军就像"摩西从阿拉特山上下来"一样。他开着汽车转到各个部队，深入营区。每到一个部队都要严厉训话，诸如领带、护腿、钢盔、随身武器及每天刮胡须之类的细则都要严格执行。巴顿由此可能成为美国历史上最不受欢迎的指挥官。但是第二军发生了变化，它不由自主地变成了一支顽强、具有荣誉感和战斗力的部队。巴顿可以说是美国历史上个性最强的四星上将，但他在纪律问题上，对上司的服从上，态度毫不含糊。他深知，军队的纪律比什么都重要，军人的服从是职业的客观要求。他认为："纪律是保持部队战斗力的重要因素，也是士兵们发挥最大潜力的基本保障。所以，纪律应该是根深蒂固的，它甚至比战斗的激烈程度和死亡的可怕性质还要强烈"；"纪律只有一种，这就是完善的纪律。假如你不执行和维护纪律，你就是潜在的杀人犯"。巴顿如此认识纪律，如此执行纪律，并要求部属也必须如此，这是他成就事业的重要因素之一。

第三节 怎样严格遵守纪律

俗话说得好，"没有规矩，不成方圆"。社会是无数人通过不同形式的纽带关系连结起来的活有机体。要维持这种有机体的存在和发展，不仅要有动力机制，还要有平衡机制。而规范动力、实现平衡的主要手段有两个，一个是法制，一个是道德。对我们来说，讲法制就是要守纪律，讲道德就是要讲文明。其实，纪律就在我们身边，如平常接触的《学生手册》等等，这些都是我们所必须遵守的。

■无论谁都要遵守制度

一次，周恩来去北戴河，需要看世界地图和一些书籍。工作人员给北戴河文化馆打电话，说有位领导要看世界地图和其它一些书籍。接电话的小黄回答："我们有规定，图书不外借，要看请自己来。"周恩来便冒雨到图书馆看书。小黄一看是周总理，心里很懊悔，总理和蔼地说："无论谁都要遵守制度。"

■这个战士应该表扬

有一次，刘少奇同志去散步，走到某炮兵阵地，想进去看看，站岗的战士不让进，随行人员上前对战士说："少奇同志想去看看阵地。"战士认真地说："上级有规定，要有上级指示才能看。"随行人员很生气，少奇同志并没有生气，反而笑着说："回去吧！"说着就往回走。一边走一边告诉随行人员："回去告诉那个战士的领导，不要批评他，他做得很对。"后来部队领导知道了，要批评那个战士，少奇同志再次让工作人员转告部队领导："这个战士认真执行规定制度，不但不应该批评，还应该表扬。"

著名的信用担保公司盛达贤集团是这样诠释纪律的：

（1）公司的职员必须遵守公司纪律，就像一个足球队员必须遵守比赛规则一样，犯规是要受罚的，轻则黄牌，重则红牌。

（2）公司是一部现代化的机器，它必须按一定的规则运作，任何一位员工必须熟悉和遵守这项规则。

（3）守时是纪律中最原始的一种，无论上班、下班、约会都必须准时；守信既是信用的礼节，公共关系的首环，也是优秀员工必备的良好习惯。

（4）投入也是纪律，上班的每一分钟都必须投入到你的工作之中，散漫、聊天、旷工都是公司所不允许的。

（5）如果你不满意眼前的工作，请向你的上级报告，公司会为你营造创造性及满意的工作环境。

（6）团结是纪律，破坏团结的言行就是破坏纪律。

（7）每一位员工必须拥护公司的名誉，任何对公司名誉有损的行为将被视为违反纪律。

课堂练习

1）模拟甲学生没有遵守学校规定，在宿舍、教室等地抽烟，并讨论他这种不遵守校纪校规的行为会给自己和学校带来什么危害。

2）模拟甲、乙两人在实习现场打闹，并讨论这样会有什么样的影响？造成什么后果？

3）模拟甲、乙两人在上课时聊天、玩手机，并讨论这样会有什么样的影响？

课后作业

你认为日常生活及工作中，哪些要求可以为我们带来好处？如果没有纪律会有哪些危害？并以"纪律严明"为题写一篇心得体会。

第四章

执 行 坚 决

学习目的

通过学习执行力的各类案例，了解坚决执行在管理中的重要性，并自我提升。

本章重点

※什么是执行力

※管理中执行坚决的重要性

※如何做到执行坚决

高效的公司必须有良好的运行机制，在这样的公司里服从观念是深入人心的。每一个优秀的员工必须有服从意识，因为上司的地位、责任使他有权发号施令；同时上司的权威、整体的利益，不允许部属抗令而行。一个团队，如果下属不能无条件地服从上司的命令，那么在达成共同目标时，则可能产生障碍；反之，则能发挥出超强的执行能力，使团队胜人一筹。

公司运营中经常会遇到需要决策的问题，一个优秀的员工应该在需要发表意见的时候，坦而言之、尽其所能。但当上司决定了什么事情，就要坚决执行，绝不能表现自己的小聪明。

第一节 执行力是什么

执行力可以理解为：有效利用资源，保质保量达成目标的能力。它指的是贯彻战略意图，完成预定目标的操作能力；是把企业战略、规划转化成为效益、成果的关键。执行力包含完成任务的意愿、完成任务的能力、完成任务的程度。对个人而言执行力就是办事能力；对团队而言执行力就是战斗力；对企业而言执行力就是经营能力。而衡量执行力的标准，对个人而言是按时按质按量完成自己的工作任务；对企业而言是在预定的时间内完成企业的战略目标。其表象在于完成任务的及时性和质量，但其核心在于企业战略的定位与布局，是企业经营的核心内容。

所谓执行一定是有目标取向的，以完成既定的目标为终极结果。执行不只是一种单纯的行为，更是一种系统的方法；执行不是被动地解决某个问题，而是主动地完成一项工作。

第二节 执行坚决的重要性

"执行力"概念虽然新，但其内涵源远流长。纵览我国古代文化，不难发现其中丰富的执行思想和智慧。在我国古代就有"令行禁止"的说法，讲的是律令一旦颁行，马上生效执行，并且很快取得了立法者所想要的结果。孔子在《论语》中就曾提出："言必信，行必果。"这个"行"指的就是执行的行动。"令行禁止"、"言必信，行必果"，用现在的话来说，就是体现了很好的执行力。在国外，被誉为"现代管理学之父"的彼得·德鲁克说，管理是一种实践，其本质不在于知，而在于行。微软公司的创始人比尔·盖茨说，在未来的十年内，我们所面临的挑战就是执行力。执行力就是把一种想法变成行动，把行动变成结果，从而保质保量完成任务的能力。执行能力的强弱因人而异，同样一件事情不同的人去做，往往会产生不同的结果。

让我们看看日本麦当劳的开拓者藤田田的故事，由于他对一件事不折不扣地执行，而给整个人生带来了转机。

日本麦当劳开拓者藤田田1965年毕业于日本早稻田大学经济系，毕业之后随即在一家电器公司打工。1971年，他准备开创自己的事业，开办一家麦当劳店。但是藤田田仅有5万美元，根本不能取得麦当劳的特许经营资格。

于是，在一个风和日丽的早晨，他西装革履满怀信心地跨进住友银行总裁办公室大门。藤田田以极其诚恳的态度，向对方表达了自己的创业计划和心愿。银行总裁耐心听完他的表述之后说："你先回去吧，让我考虑考虑。"

藤田田听后，心里立即掠过一丝失望，但他马上镇定下来，恳切地对总裁说："先生，可否让我告诉你我那5万美元存款的来历呢？"对方回答："可以。"

"那是我六年来按月存款的收获。"藤田田说，"六年里，我每月坚持存下1/3的工资，雷打不动，从未间断。六年里，无数次面对资金过度紧张或手痒难耐的情况，我都咬紧牙关、克制欲望，硬挺了过来。有时候，碰到意外事情需要额外用钱，我也照存不误，甚至不惜厚着脸皮四处借钱，以增加存款。我必须这么做，因为在跨出大学校门的那一天我就立下志愿，要以十年为限，存够10万美元，然后自创事业，出人头地。现在机会终于来了，我一定要提早创业……"

总裁问明了他存钱的那家银行，并表示下午给予答复。在确认了藤田田讲述的真实性后，总裁打电话给藤田田，告诉他住友银行可以毫无条件地支持他创建自己的事业。总裁说："论年龄，我是你的2倍；论收入，我是你的30倍。可是直到今天，我的存款还没有你多……"

第三节　如何做到执行坚决

企业的执行力是通过淘汰训练出来的。为什么强调淘汰？太重要了，执行力必须通过优胜劣汰来提高。藏犬是如何变成獒的？养犬人将12只刚刚长出牙齿的藏犬关到一个地方不给东西吃，饿了两天的藏犬就相互厮杀，最后剩下的就变成了藏獒。一只藏獒最贵的上千万。有人养了200只梅花鹿，希望在没有天敌的情况下让它们慢慢增多。但实际情况是最后变成了100只。因为没有天敌追赶，梅花鹿不再奔跑，免疫力下降，最后成群成群地死掉。所以，没有竞争我们将会安乐死。要让梅花鹿种群迅速繁衍，可以引进20只狼，放入鹿群让其追赶梅花鹿，令梅花鹿重新奔跑。身体不好的、跑得慢的、老弱病残的将被狼吃掉。这样，生物链又活了。因为有了天敌，梅花鹿将不断地繁衍生息，它们适应自然界环境的能力将会增强。从这个意义上来说，在企业中执行不力者一定要淘汰。

杰克·韦尔奇曾经说过，领导人首要的工作不是让糟糕的员工变成好的员工，而是让好的员工变成更好的员工，淘汰10%的糟糕员工。优秀的公司无一例外都会采取末位淘汰制来解决这个问题。麦当劳的绩效考核分为五等，每个季度都有考核目标，包括杰出、优秀、良好，后面还有两个，一个是需要改进（74分以下），还有一个是不满意（65分以下）。只要是65分以下立刻就要走人。每个季度考核一次，任何一个季度低于65分就要走人。在跨国公司麦当劳这样的企业，没人敢跟绩效考核开玩笑，一年四个季度，只要攒够了两张黄牌（74分以下）就会被淘汰。

联想的杨元庆敢作敢为值得尊重。联想每年一方面大量引进人才，另一方面是10%的淘汰率。民营企业华为幅度更大。所有的中层干部每个人就签一年合同，合同到期了统统发配回家，人力资源部根据你绩效考核的结果通知你来上班。如果没有通知，你只能在这个职位之下找工作，工资跟着递减。韦尔奇说过，第一年实施末位淘汰的时候比较容易，但是到了第三、第四年的时候淘汰越来越难，等到第五年，你将惊奇地发现整个人力资源队伍已经在大面积地优化和提升。这就是企业经营的规则。

既然企业是这样做到执行坚决，那么对个人而言，又该如何训练自己，做到执行坚决呢？

1、没有任何借口

在实际生活中，我们会看到很多学生，他们往往会找许多借口为自己开脱，比如周末集合时间为08:30，迟到或未到的人会找各式各样的理由为自己开脱，有的说生病了身体不舒服，或者说堵车到晚了，或者说家里有事等。这样的人通常不能得到领导的重用，他们常常忽视了自己的责任，对工作就会缺乏执行的力度。作为一名优秀的学生和企业员工，做任何事情都必须具有强有力的执行力。接受了任务就意味着做出了承诺，而完不成自己的承诺是不应该找任何借口的。执行力体现了一个人对自己的职责和使命的态度。思想影响态度，态度影响行动，一个不找任何借口的学生，肯定是一个执行力很强的学生。

2、有计划地执行

明确的计划是保证顺利执行的先决条件。要想成就任何一件事，必须要有明确的目标、认真的准备和周密的安排。没有计划的盲目行动，只能是忙忙碌碌却一事无成。工作、学习同样需要确定目标、制定周密的计划，并保证其有效执行，这样才能达到目标。

3、立即行动

行动是执行能力的体现，没有行动就没有执行。在行动过程中不仅要提高解决问题的能力和随机应变的能力，同时还要关注细节，提升细节的管理能力。无论对于个人、部门还是企业，行动才是执行力最好的证明。行动至关重要，没有行动一切都是空话。

有个一贫如洗的年轻人每隔两三天就到教堂祈祷，而且他的祷告词几乎每次都相同。第一次他到教堂时，跪在圣坛前，虔诚地低语："上帝啊，请念在我多年来敬畏你的分上，让我中一次彩票吧。"几天后，他又垂头丧气地回到教堂，同样跪着祈祷："上帝啊，为何不让我中彩票？我愿意更谦卑地来服侍你，求你让我中一次彩票吧。"又过了几天，他再次出现在教堂，同样重复着他的祈祷。如此周而复始，他不间断地祈祷着。

到了最后一次，他跪着说："我的上帝，你为什么不垂听我的祈祷呢？让我中彩票吧。只要一次，让我解决所有困难，我愿终身奉献，专心侍奉你。"就在这时，圣坛上空发出了一个庄严的声音："我一直在垂听你的祷告，可是，最起码你老兄也该先去买张彩票吧。"

看到这里，想必大家都为年轻人的愚蠢而发笑，却不会想到，类似的事情在我们身上也可能发生。想想你是不是常常渴望成功，却没有为成功做过一丝一毫的努力？

当你的领导做出一项决策的时候，你应该立刻去执行，而不是想办法推脱或拖延时间。即使你不赞同领导的决策，你也应该遵从执行。既不能事先加以肯定或指责，也不要事后加以抱怨或轻视。因为领导在作决定时，认为决定百分之百是正确的，所以他才会这样做。你可以大胆地说出你的想法，让你的领导明白，你不是在刻板地执行他的命令。但当你的建议无效时，你应该完全放弃自己的意见，全心全力去执行领导的决定。

4、提高效率

通常情况下，效率是指单位时间内完成的工作量。因此，判断效率高低有两种方法，一种是根据相同的时间内完成的工作量的多少进行判断，工作完成越多，效率越高；另一种是根据完成相同的工作量所需要的时间进行判断，时间越少，效率越高。效率是企业保持竞争力的重要因素，没有效率的执行只是白白地浪费时间而已。

课堂练习

1）模拟学生A在教师给其安排工作后，一直找理由推脱，不去执行。其他同学发表自己的看法，如果是你，你会怎么做？

2）模拟学生B连续三次考试没考好，向教师保证下一次一定会有进步，自己回去找成绩好的同学帮助，但却没有真正地付出行动。讨论一下他这样对以后的工作会有什么危害，应该怎么做？

课后作业

回顾以往的处事态度，以平时工作和学习中，在执行能力方面有哪些不足和好的地方，如何进行改善为中心，写一篇心得体会。

第五章

团 队 合 作

通过学习，了解团队合作的基本含义和基本要求。了解团队合作在工作、生活中的重要性，并自我提升。

本章重点

※什么是团队合作

※为什么要团队合作

※团队合作应该怎么做

无论你从事什么领域，团队的力量是至关重要的。我们都听过和尚挑水的故事：一个和尚挑水吃，两个和尚抬水吃，三个和尚没水吃。这个故事并非是低幼的寓言，而是实实在在地反映出一个缺乏团队精神的现象。当然，在工作中，"和尚"的数量可能远远大于三个，在这种情况下，要想避免没水吃的现象，发挥团队精神就成了头等大事。

第一节 什么是团队合作

团队合作是集中力量实现共同理想或完成共同任务。团队合作就是竞争力。团队成员相互帮助、同舟共济，即使面对再大的困难，也能产生与之抗争的力量。

一个卓越的团队一定是一个合作最好的团队，只有紧密的团队合作才能把所有团队成员的力量凝聚起来，产生出撼山动地的力量。一滴水只有融入大海才不会干涸，一个人只有把自己和团队融合在一起才最有力量。作家迈克·诺瓦克在描写篮球队时说，队员们以一定的游戏规则、节奏和较高的速度运动着，我们不能只看到一个一个的球员，而应看到的是整个球队的活动。

俗话说："人心齐，泰山移"，"二人同心，其力断金"。生活在集体中，我们每个人应发挥自己的光和热，当你在为他人加油时，其实也是在为自己喝彩；当你诚心地帮他人解决问题时，其实你也是在温故而知新。如果只盯着自己的利益，你就分享不到他人的快乐，享受不到团队的幸福。

第二节 为什么要团队合作

俗话说，"一个和尚挑水喝，两个和尚抬水喝，三个和尚没水喝"，"一只蚂蚁来搬米，搬来搬去搬不起；两只蚂蚁来搬米，身体晃来又晃去；三只蚂蚁来搬米，轻轻抬着进洞里"。上面这两种说法有截然不同的结果。"三个和尚"是一个团体，可是他们没水喝，是因为互相推诿、不讲协作；"三只蚂蚁来搬米"之所以能"轻轻抬着进洞里"，正是团结协作的结果。团结协作是一切事业成功的基础，个人和集体只有凭借团结的力量，才能把个人的愿望和团队的目标结合起来，超越个体的局限，发挥集体的协作作用，产生1+1＞2的效果。团结就是力量，团队合作的力量是巨大的，一旦被开发，这个团队将创造出不可思议的奇迹。

在现代企业里，个人单枪匹马地独自完成一切工作的想法是不切实际的。每个员工都是团队的一部分，他的责任和义务铸造团队的和谐，为团队的强大和发展做出贡献。

没有完美的个人只有完美的团队

图4　团队合作1

科学家实验证明，以V字形飞行的雁群比一只雁单独飞行能多飞72%的距离。原因是大雁以V字形飞行，为首的雁在前头开路，它形成空气由前向后的流动，能帮助左右两边的雁减少飞行的阻力，使每只大雁都能够顺利地到达目的地。大雁的杰出表现，向我们展示了一个深刻的道理：不能没有团队精神，因为成功在于合力，在于协作。

要时刻将团队成员视为协作者，而不是竞争者；全神贯注于团队的整体利益，而不是个人的私利；注重团队的整体实效，而不是个人出风头，这样的员工才是职场需要的敬业乐群的员工。

作为团队的一员，遇到事情发生时，你不该想"这样做对我有什么好处"，而应该想"这样对团队有什么好处"。这两个不同的关注点说明你想的是与他人竞争，还是与他人积极配合。企业管理专家罗伯特斯指出："任何优异的成绩都是通过一场互相配合的接力赛取得的，而不是一个简单的竞争过程。如果你关注的是整个团队的利益，而不是你自己，在需要你做出贡献的时候，你就会传出接力棒，而不是企图单枪匹马地独自完成整场比赛。"只有保证整体的利益，才会实现个人的利益。

只要与队友相互配合，你就能取得惊人的成绩。但如果只满足于单打独斗，就会丧失很多成功的机会。无论做什么事，只要能互相协作，就会增加所做事情的价值和效果，因为在相互协作的过程中，不仅能充分发挥你自己的才能，而且还会激发出队友的潜能。如果你能注重团队协作的质量，你成功了，团队中的其他成员也成功了，那么整个团队就成功了。老板最为欣赏的就是这样的员工，这样的员工才能真正地走向成功与卓越。

我们每个员工都应该时时反省自己，不要成为现代企业中的独行侠。那么，融入不了团队的员工一般都具有什么样的特征呢？

（1）拥有比大多数周围同事高的学历或者专业知识，取得过一定的成绩，并经常以此为荣、沾沾自喜。

（2）喜欢独来独往，在公司内没有什么朋友，平常话不多，说起话来也充满着骄傲的语气；从来不把工作中打交道的同事放在眼里，总是训斥对方。

（3）能够提出自己的一些意见和想法，但绝不容许别人修改，甚至包括领导在内。如果自己的意见被采用，则更骄傲；如不被采用，则内心愤愤不平，认为其他人的所有意见和计划都是平庸和充满错误的，只有自己是正确的。

（4）很少与人交流，对别人的意见，不管善恶一概不接受，不予理睬。

（5）很少参加单位的集体活动，比如会餐、旅游、娱乐等，认为和同事们在一起很无聊。

一旦上述几条中有一条或者几条和你相符的话，那么你就应该好好反省了。企业里最受人欢迎的人，从来不会把自己封闭起来，他们会主动与他人交流，他们明白，只有把自己优秀的才华与大家的力量联合起来，才能发挥最大的威力。如果想远离群体，想独立完成事业，实际上等同于自我毁灭。

资深企业管理咨询顾问成君忆写了一本书《孙悟空是个好员工》，书中对孙悟空由个人奋斗失败后转向团队成功，最终实现个人价值的经典案例作了详细的分析。

孙悟空成长的故事，告诉我们这样一个道理：当我们学会了做人后，自然就会懂得如何与人为善，懂得如何建立一种互相帮助的人际关系。所谓"心生则种种魔生，心灭则种种魔灭"，反观诸己，所有的困难都源于我们的性格和观念。战胜困难的过程，就是战胜自我的过程，就是融入团队的过程，也就是生命成长的过程。

团队的成长是一个艰难的过程，因为组成团队的每一分子都是人，而做人似乎从来就不是一件容易的事。人们之所以喜欢看《西游记》，多半是因为里面有一个神通广大的孙悟空。在21世纪的今天重读这部文学名著，你会发现孙悟空身上闪烁着的那种历久弥新的个性和魅力。在花果山占山为王的孙悟空精力充沛，意志坚决，行动果敢，酷好变化，干劲十足，愈挫愈勇，俨然是一个天生的创业者。而在去西天取经的路上，他也表现出了一个团队成员的优秀特质，目标明确，行动迅速，无惧困难，总是能够找到有效的解决方法。

"如果我是孙悟空，那该有多好"，也许每个人心中都曾经这样幻想过。一双火眼金睛，可以识破每一张面具下包藏的祸心；七十二般变化，可以让自己随心所欲地去寻找解决各种困难的有效办法；一个筋斗十万八千里，行动迅速，统御全局；一根如意金箍棒，无人能挡。然而，人们在为孙悟空欢呼雀跃的同时，又不得不思考另一个方面的问题：孙悟空为什么跳不出如来佛的手掌心？为什么要让他去保护那个弱不禁风的唐僧？为什么要让他承受"紧箍咒"的折磨？许多人认为，命运对孙悟空太不公平了。

《孙悟空是个好员工》使用一种新的解读方式，来研究《西游记》这部历久弥新的文学名著。你会发现，同样是一个孙悟空，从前大闹天宫，那么强烈地试图改变这个世界，其结果却是惨遭失败，被压在五行山下不能翻身。经过一段漫长的取经之路，他不得不屈服于"紧箍咒"的魔力（约束力），在不知不觉中改变了自己，结果却赢得了个人与团队的共同成功。《西游记》所讲述的，其实就是孙悟空从"改变世界"到"改变自我"的一段成长历程。

第三节 团队合作应该怎么做

1、团队目标

（1）团队应该有一个既定的目标，为团队成员指明方向，让他们知道要向何处去。缺乏目标，团队就失去了存在的价值。

（2）目标具有导向功能，可以使团队成员齐心协力，拧成一股绳，共同朝着一个方向前进。

（3）目标可以激发人的动机，引导人的行为。具有挑战性的目标具有激励的作用，能够激励团队成员的积极性、主动性和创造性。

2、角色认知

（1）团队成员的角色认知、角色定位、角色分配和角色扮演是团队效能的重要影响因素，是团队能够协调运作与和谐的重要保证。

（2）管理者不仅要认识到不同任务需要不同的角色来完成，还要根据团队成员的性格和能力来分配角色。

（3）服从是员工的天职，团队成员必须服从团队管理者的指挥，才能及时有效地完成任务。

3、团队执行

（1）在团队执行的过程中，团队成员只有分工合作、群策群力才能最有效地达到团队目标。

（2）执行的关键在于团队配合的默契和责任的勇于承担。成员没有默契的配合和承担责任的积极性，团队目标是无法实现的。

（3）执行者必须与计划制定者加强沟通，计划制定者需要对执行过程进行有效的控制，否则，可能会给执行造成困难或是执行结果偏离目标。

图5　团队合作2

4、团队协作

（1）每个团队成员都是不可或缺的，团队成员都应具有团队协作精神，要心往一处想，劲往好处使。

（2）团队成员应该认识到，只有大家齐心协力、团结协作，才能将个人力量的小流汇集成团队力量的江河，才能攀上团队目标的高峰。

（3）好的协作就是良弓和利箭的配合，这样的组合时刻让人感到箭在弦上、蓄势待发的气势。

5、团队信任

（1）相互信任是团队合作的基础，是决定团队取得成功的关键因素，是团队目标有效达成的必要条件。

（2）信任就是力量。相互信任是团队发展的力量的源泉，要想取得他人的信任就需要先以行动来证明自己值得信任。

（3）信任是团队精诚合作的基石。团队缺乏信任，不仅会造成整个团队不和睦，而且会直接影响团队的整体战斗力。

6、团队沟通

沟通能力是一个优秀员工实力的重要表现，是员工具备团队精神的必要条件。一个不善沟通的员工，只能在工作中处处碰壁，影响整个团队的实力，也破坏了团队的合作。领导敢提拔这样的员工吗？

现实中，有很多人并不是不愿意沟通，而是因为沟通存在障碍，使得沟通"短路"，甚至中断。一般来说，个人沟通的障碍主要有以下几点：

（1）语言运用不当

主要是指语言表达不清、使用不当等造成理解上的障碍或产生歧义。这主要受到不同年龄、教育状况、文化氛围等因素的影响。同样的话，不同的人会有多种不同的解释和理解。另外一种情况是，运用专业术语与外行人沟通，也会产生误解、曲解，造成沟通的障碍。

（2）心理上的隔阂

由于个体间的差异，生活环境和兴趣爱好的差异，特别是职场中利益的差异，导致人与人之间的心理差异，容易产生各持己见，互不相让的情况。

（3）沟通信息不准确

在信息的传递过程中，由于个人的喜好、失误、遗漏等原因，会出现故意操纵信息、修改信息，甚至篡改信息，使信息失真，产生道听途说的情况。

（4）关键没抓好，主次未分清

每个团队里的成员往往会接受大量的信息，信息有重有轻，也许有时会漏掉一些重要信息，或者对信息的处理过于草率，这样都会造成对信息的误解，影响沟通。

（5）交流时间紧迫

有时由于时间紧迫信息可能传达不清或者不完整，从而使沟通的效果受到影响。

（6）沟通技巧欠佳

身为团队的一分子，沟通中的一个重要方面就是向领导汇报信息，向下属传达信息，听从领导指令，向下属提出要求或条件，甚至进行批评性建议等。这是每个人的职责所在，也是每个员工在职场中生存必然会经历的。然而许多人或者埋头干活，或者担心自己的工作成绩不被领导或同事看好，所以不重视或不善于与上下级沟通，这样往往会导致工作偏离方向，最终没有任何效益。这样的员工又怎能得到团队的赏识呢？还有一些人，在谏言献策或是倾诉、表白时，不会运用恰当的方式与技巧，结果也导致了沟通困难，甚至引起领导的不满。

7、团队领导

（1）团队管理者是团队建设中的内部协调者和沟通者，卓越的团队领导能够在努力满足团队成员需要的同时，确保不损害团队和组织的利益。

（2）管理者在做出决策时，一定要分清事情的轻重缓急，要先做重要而紧急的，再做重要但不紧急的，然后做紧急但不重要的，最后做不紧急也不重要的。

（3）管理者要能够合理安排团队成员的工作，善于激励他们，要学会依靠团队的力量去解决面临的问题。

8、团队激励

（1）对团队成员的某种行为给予肯定或奖励，从而使这种行为得以巩固和持续。

（2）真诚的赞扬可以激励团队成员更加努力奋进，培养团队中和谐的人际关系，增加团队的团结度。

（3）不同的人有不同的需求，针对不同的需求要采用不同的鼓励方式和手段。

（4）针对团队成员的需求，制定有效的制度，对团队适时进行鼓励。

9、团队压力

（1）一脸阴沉的情绪会让人对你敬而远之，所以保持一个健康的心态，时常以一副轻松快乐的面孔对人，对于团队的成员是至关重要的。

（2）如果让你的伙伴一起分担压力，你就只剩一半的压力；而将不愉快的情绪传递给你的伙伴，你就会得到加倍的不愉快。

（3）团队如果没有竞争的压力，团队成员就不思进取，对待工作敷衍了事，这样就会断送团队的前途。

课后作业

你认为日常生活及工作中，哪些事情是通过团队的合作完成的，可以为我们带来什么好处？如果没有良好的团队合作会有哪些弊处？并以"团队合作是现代企业的生命力"为题写一篇心得体会。

第六章

友爱自信

学习目的

通过学习，了解友爱自信的基本含义和基本要求，了解友爱自信在工作、生活中的重要性，并自我提升。

本章重点

※友爱自信是什么

※为什么要友爱自信

※友爱自信怎么去做

曾经有人说过，我们怎样对待生活，生活就怎样对待我们。友爱自信也是这样一种辩证关系，我们用爱的心态对待人生，我们的人生将是欢声笑语；我们用自信的心态对待人生，我们的人生将是一片光明。用微笑来面对生活，即使在寒冷的冬天也会感到生活的温暖，漆黑的午夜也会看到希望的曙光。用微笑来面对每个人每件事，你就会得到灿烂的阳光，迎接你的必定是一路的鸟语花香。

第一节 友爱自信是什么

1、什么是友爱

世界上最宽广的是海洋，比海洋更宽广的是蓝天，比蓝天更宽广的是人的胸怀。

友爱是指没有国界、民族、性别和年龄等差别的限制，彼此以"朋友"、"伙伴"相称，相互理解信任，相互支持帮助和志趣相近的双方或多方，在相互交际过程中自然流露出的亲切的情感。友爱就是用你的宽广的胸怀去包容和爱护你身边的人。

友爱作为一种优良的道德思想和行为，表现在社会历史生活的各个方面、各个层次、各个领域。如在兄弟之间：骨肉相依、同命相连、相濡以沫；在朋友之间：亲如手足、休戚相关、患难与共；在君臣之间：君明臣贤、肝胆相照、同心同德；在民族之间：和睦相处、平等互助、友好往来；在人与自然之间：厚德载物、包容万物。老子认为："人法地，地法天，天法道，道法自然"，强调人遵循自然规律，保持生态平衡，保持人与自然和谐并存。

名言警句

不但要团结和自己意见相同的人，而且要善于团结那些和自己意见不同的人，还要善于团结那些反对自己并且已被实践证明是犯了错误的人。

——毛泽东

有了朋友，生命才显出它全部的价值。

——［法］罗曼·罗兰

海内存知己，天涯若比邻。

——王勃

天下快意之事莫若友，快友之事莫若谈。

——蒲松龄

人之相识，贵在相知，人之相知，贵在知心。

——孟子

2、什么是自信

自信就是要相信自己。它是一种勇气，一种敢于面对现实的勇气。自信是一种力量，更是一种动力。

人生中最大的难题莫过于认清自己，最大的悲哀莫过于没有自信，不知道自己的价值在何处。这很容易让我们感到迷惘，就像一直深陷在泥潭里的山羊，急切地想要摆脱死亡的威胁，却找不到一处着力点。一个人可以长得丑陋，可以遭遇贫穷，可以经受磨难，但绝不可以丧失了自信。因为强大的自信可以将一切厄运转化成适合幼苗生长的空气、土壤和水分。

名言警句

天生我材必有用。

——李白

恃人不如自恃也。（恃，依靠。）

——韩非子

恢弘志士之气，不宜妄自菲薄。

——诸葛亮

任何人都应该有自尊心、自信心、独立性，不然就是奴才。

——徐特立

人多不足以依赖，要生存只有靠自己。

——[法] 拿破仑

深窥自己的心，而后发觉一切的奇迹在你自己。

——[英] 培根

自信是成功的第一秘诀。

——[美] 爱默生

除了人格以外，人生最大的损失，莫过于失掉自信心了。

——[英] 培尔辛

第二节　为什么要友爱自信

1、为什么要友爱

要想使企业这个大机器顺利地运行，你必须要和不同的人打交道。如果在你的工作中真的遇到一些你不喜欢的人，你会怎么办？难道你仅仅是因为自己的好恶而拒绝这些你讨厌的同事？这显然是不现实的。

碰到这种情况，最好的方法，就是放开自己的胸怀，去团结、包容他们，就好像大海一样，团结了所有河流，才能成就一个海洋，这就是友爱的力量。

在一个集体中，我们怎能没有一个朋友，在生活中怎能没有友爱？在日常生活中，每一个人都会有朋友，在工作中彼此相互学习，互相进步。这种友爱，让人与人之间产生了默契；有了默契，就能获得好的成绩。如果工作生活中有几位同事闹矛盾，气氛会冷淡、没有热情，就是再好的心情也会被浇灭。每天都在一起工作学习，要是与他人闹矛盾，自己能安心学习吗？能高高兴兴地工作吗？

友爱，是每个人不可缺少的东西，它就像一条细线看不见、摸不到。但是它又把每个人的心粘在一起，让团队充满爱，让整个环境充满爱。友爱是团队的纽带！财富不是一辈子的朋友，朋友却是一辈子的财富！

很久以前，有一个人看到了蚂蚁的壮举：突如其来的水包围了一小块陆地，那一小块陆地上有许多的蚂蚁，是蚂蚁的家园。蚂蚁对水是很敏感的，因为它们不会水。天若要下大雨，它们总是能够预先知道，于是就能看到它们浩浩荡荡搬家的场面。但是这一次它们无法预先知道，因为这一次是人祸。那个人挖开了沟渠，要浇灌他的菜园子。天灾可以预知，但是对于人祸蚂蚁们就无法预知了。蚂蚁们爬出了洞穴，一阵慌乱后，蚂蚁们有秩序了，它们聚拢、聚拢，成了一个大大的蚂蚁团。这时，水漫了上去，蚂蚁团就漂在了水面，而且在微风的吹动下，蚂蚁团滚动，在水面上向前滚动。没有一只蚂蚁松手，那蚂蚁团好像向前漂得很轻灵。终于，它们抵达了陆地，于是分散开来，它们又一次开始重建家园。

那人看得呆了。他在想，假如有蚂蚁不想在最外边，想在里边安全待着，还会有那紧密的蚂蚁团吗？假如有更多的蚂蚁这样想，还会有蚂蚁团吗？他的脑海闪现了一个词：团结友爱。这是他因为目睹蚂蚁的壮举而创造的一个词！这是一个多么好的词啊！

2、为什么要自信

人要正确认识自己，了解自己的性格优势和不足，因为人与人性格差异很大。学会扬长避短有助于形成自己独特的自信心。认识是不断变化发展的，我们需要不断更新、不断完善对自己的认识，才能使自己变得更好和更完美。争取认识自己，就要做到用全面的、发展的眼光看自己。所以人就特别需要充满

自信地来完成自己的目标、自己的事业。

一个人只有拥有强烈的自信，才会有勇气去面对困难和挫折。因为自信是一个人的精神支柱，人也只有在这样的支撑下，才会有所作为，甚至创造出奇迹。在我们的一生之中，信心是我们人生的塑造者，因为我们人生的蓝图事先就在头脑中构造好了，而推动我们将其变为现实的就是信心。没有信心的人在精神上是软弱的，一遇到困难就会选择放弃或者躲避。而所有到达成功巅峰的人，没有一个是缺乏信心的。信心让他们勇往直前，信心让他们披荆斩棘，自信让他们勇敢地迈出走向成功的第一步，并最终步入成功的殿堂。

达尔文小时候学习成绩不如他妹妹，老师和父亲都说他是一个"十分平庸的孩子"，"甚至在一般智慧水平之下"。可是他并不气馁，而是更加坚定地朝着他自己选定的目标前进，不辞劳苦地进行了为期五年的环球旅行考察，收集了大量的生物和地质方面的资料。后来又经过二十年的分析、综合和写作，终于写出了具有划时代意义的伟大著作《物种起源》，打破了物种不变的陈旧观念，"上帝创造万物"的神话彻底破产。这说明每个人都具有很大的潜能，只要自己相信自己，努力奋斗，将潜能充分挖掘出来，就很可能有所成就。

春秋战国时代，一位父亲和他的儿子出征作战。父亲已做了将军，儿子还只是马前卒。一阵号角吹响，进攻开始了。父亲庄严地托起一个箭囊，其中只插着一支箭。父亲郑重地对儿子说："这是家传宝箭，不到万不得已的时候不要拔出来使用。"佩带宝箭的儿子英勇非凡，所向披靡。当鸣金收兵的号角快要吹响时，儿子再也禁不住得胜的豪气，完全背弃了父亲的叮嘱，强烈的欲望驱使着他拔出宝箭，试图看个究竟。突然之间他惊呆了，箭囊里装着一只折断的箭。"我一直背着一只断箭打仗呢"，儿子吓出了一身冷汗，仿佛顷刻间失去了支柱的房子，意志轰然坍塌了。结果不言而明，儿子惨死于乱军之中。拂开蒙蒙的硝烟，父亲捡起那只断箭，沉重地说到："没有自信的人，永远也做不成将军。"

同样，没有自信的人，永远也做不了领导。或许大家看了这个故事后，都觉得一个把胜败寄托在一支宝箭上的人，是多么的愚蠢。但在我们的职场上，这样的人大有人在。工作中，时常没有自信的人，或许无法看到多么严重的后果，但最终注定这样的人永远是个平庸的员工。

第三节　友爱自信怎么去做

1、友爱怎么去做

友爱是建设和谐文化的基础，也是一个优秀员工的重要表现。没有必要和别人斤斤计较，没有必要和别人争强斗胜，俗话说：多个朋友多条路，多个仇敌多堵墙。在事业发展的道路上，谁都会遇到困难和挫折，这时有朋友的帮助，是我们战胜困难的勇气和力量。相反，谁都不想在前进的道路上遇到障碍，那么就请记住：给别人让一条路，就是给自己留一条路。

在现实生活中我们怎样去做才能用友爱的态度，得到同事和朋友的赞赏呢？

（1）主动接近对方。你可以主动伸出友好之手，使原本对你怀有戒心或者敌意的同事消除隔阂。

（2）要学会换位思考。站在对方的角度考虑问题，你就可能体会到他们的想法和真实的感受，了解他们的苦衷，从而发现自己想法或者做法的不足，然后加以修改。这样做有利于双方关系的进一步改善。

（3）出现矛盾的时候要忍让为先。退一步海阔天空，宁可自己受一点委屈，也不要为了小事而和对方吵得面红耳赤。等对方冷静下来，一定会感到惭愧，也会被你的大度和宽容所折服。

（4）接受他人的独特个性。每个人都有自己独特的性格和特点，不要试图改变这个事实，而应接受别人的本来面目，他也会因此尊重你。在不影响工作的情况下，不要强迫别人接受你的观点。

（5）去关注对方的优点和长处。任何人都有好的一面，试着去发现这一点。

（6）要用自己的言行去感化、影响对方，真正发挥出友爱的作用，让周围的员工都聚到自己的周围，拧成一股绳。

总之，友爱应该是：当你伤心时，给你鼓励，给你体贴，分减你的悲伤，在它的温暖关怀中，你愈合了心灵的创伤。

2、自信怎么去做

在现实生活中，我们每个人都知道自信对事业、对人生的重要性，但是知道自信的必要性，并不就等于有了自信。实际上，缺乏自信一向是困扰人们的最大问题。有项针对某大学选修心理学的学生所做的调查，其中有一道问题几乎是每个人都困惑的事。调查结果显示，缺乏自信的人占75%的比例。在生活中，因循、畏缩、深陷于不安、无能感，甚至对自我能力怀疑的人，几乎随处可见。这种类型的人对于自己是否能担负责任有疑虑，他们也怀疑自己能否抓住有利机会。他们总认为事情不可能顺利进行，从而抱着志忑不安的心态。此外，他们也不相信自己可以拥有心中想要的东西，于是往往退而求其次，只要拥有些许的成就便心满意足。

那么怎样建立自信心呢？

（1）要为自己确立目标

我们通常对自己有把握能做到的事情，就会充满自信，而对自己没有把握做到的事情，就没有自信。例如，现在让你去做1+1=2这样的数学题，你肯定会很自信，因为你会。但是如果让你做什么世界数学难题，你肯定就没有自信了，因为你不会。所以，要想将自己变得更有自信，首先就要确定你打算去做什么事情，而不能说你想在任何方面都有自信。当你确定做什么事情以后，你就要努力针对这方面事情下功夫，一次不行，再来第二次、第三次，一直到自己确实有把握做好这方面事情的时候，你对这件事就有自信了。如果再有人让你做这方面事情，你一定会充满自信！就像学习一项新的技能，刚开始的时候，你什么也不会，那时候你当然没有自信。但是，随着你不断地总结经验，反复地练习，最后就能熟练掌握了。这时候，你就非常自信了。

确立目标既是人生成功的需要，也是激发人的潜力、最大化创造价值的需要。所以，人生一定要有目标，有了目标，你就会想方设法为达到目标而努力，就不会为是否自信以及目标以外的事情所烦恼。其实，设立目标本身就是自信心的一种表现，你在心中有了目标，你的潜意识就会调动你所有的能量，为实现目标而努力。但在制定目标时要注意，一定要使目标切合自己的实际，不要好高骛远。否则，一旦目标实现不了，你就会产生挫败感，从而打击自信，使你丧失信心。

（2）发挥自己的长处

人是在战胜自卑、建立自信的过程中成长的。天之生人，千差万别，但比较而言，人是各有所长，也各有所短。你在做事的时候，一定要注意发挥自己的长处，避免自己的短处。如果总是做你不适应的事情，老拿你的短处与别人的长处比，那你很容易产生自卑感，挫伤自己的信心。

（3）做事要有计划

世界上什么东西能给你带来信心？成就。成就是靠什么取得的？努力。努力是取得成就的必要条件。但光努力还不行，还要做事讲方法，行动有效率。社会上有很多人，他们整天忙忙碌碌，但是如果你问他们取得了什么成绩，他们可能答不上来。对于他们来说，忙碌是他们工作必要的表现形式，如果不忙碌，就好像不是在工作。做事不讲究方法，使他们做事没有成效。久而久之，他们只注重形式，而忽视了效率这一基本要求。做事的方法有很多，其中做好计划、按计划行事、养成日事日毕的好习惯是最有效的方法之一。这不仅可以提高工作效率，而且可以体验工作的节奏感，使你不至于把工作当作一种苦役，而是一种享受。你在工作中感受生命的脉动，把握生命的韵律。将"做事讲方法、行动有效率"当做自己的信条之一，工作一定要做好计划。没有计划的人永远被工作撵着走。

（4）做事不拖延

在现实生活中，一些人之所以缺乏自信，是因为挫折长期积累的结果。在日常一些小事情上没有处理好，不断拖延，结果不断地给自己增加心理压力。久而久之，就会在心里产生一种失败感，从而觉得自己什么事情也做不好，因而缺乏自信。所以，建立自信的最好办法，就是认真对待每一件小事。凡是自己认为应该做的事情，不论大小，都要认真对待，把它处理好，首先给自己一个好的交代，让自己满意。对于建立自信来说，没有小事。

（5）轻易不要放弃

信心是在不断地努力、不断地进步中逐步建立的，中途放弃、半途而废，是造成我们缺乏自信的重要原因。所以，凡是我们认为应该做而且已经着手做了的事情，就不要轻言放弃。在你放弃的时候，你可能会感到很轻松，但事情过后，挫折和失败就会不断的增加你的心理压力，直到你产生内疚，产生自卑。所以，千万不要为自己找任何理由放弃你应该做和正在做的一些事情。

爱迪生曾经试用1200种不同的材料做白炽灯泡的灯丝，都没有成功。"你已经失败了1200次了"，有人这样对他说。可是爱迪生不这么认为，他充满自信地说："我的成功就在于发现了1200种材料不适合做灯丝。"他并没有放弃实验，而是继续努力，最终找到了最适宜做灯泡的灯丝，获得了成功。所以，坚持到底是一种最值得提倡和嘉奖的信念。

毛泽东在《论持久战》中说："战争的最后胜利，往往存在于再坚持一下的努力之中。"坚持是获得成功必不可少的信念。居里夫人曾经说过："生活对于任何一个男女都非易事，我们必须要有坚韧不拔的精神；最要紧的，还是我们自己要有信心。我们必须相信，我们对一件事情是有天赋的才能，并且，无论付出任何代价，都要把这件事完成。当事情结束的时候，你要能够问心无愧地说：'我已经尽我所能了。'"一个人只要有自信，那么他就能成为他所希望成为的人。

（6）学会自我激励

人的自信是一种内在的东西，需要由你个人来把握和证实。所以，在建立自信的过程中，一定要学会自我激励，要有勇气面对别人的讥讽和嘲笑。自我激励的办法之一，是运用临时性的激励办法。比如，在你遇到重要的事情，需要鼓起勇气来面对时，你可以说："造物主生我，就赋予我无穷的智慧和力

量，凡事都能做到。"这样可以增强自己内在的信心、激发自己内在的力量，从而成功地达到你的目的。当然，这种激励只是一种临时的办法，要想长期在自己的内心建立自信，那就需要不断地激励自己，直到形成习惯。德国人力资源开发专家斯普林格在其所著的《激励的神话》一书中写道："人生中重要的事情不是感到惬意，而是感到充沛的活力"，"强烈的自我激励是成功的先决条件"。所以，学会自我激励，要给自己一个习惯性的思想意念。如果你在内心常存有失败的念头，你便已经输掉了一大截。相反地，倘若你对自己充满信心，并具有主宰自我的意志与习惯，那么即使面对逆境，也能坦然自若。这种强有力的信心，事实上便是来自于自信。换言之，自信是力量增长的源泉。

（7）不要让自己成为别人

模仿是上帝赋予我们的秉性，也是我们的能力之一。在学习、工作之初，特别是从事艺术职业的人，模仿是可以的，甚至是必要的。但是，造物主是让你成为真正的自己。千差万别、各具特色的面孔本身，就说明上帝是以多样性来塑造这个世界的。任何雷同，都会使其中的一方失去其存在的意义。你可以模仿别人，但千万不要让自己成为别人，你就是你自己，你一定要找到自己的独特之处，造就自己、显示自己。如果一个人想要成为别人，那么，他就会生活在别人的影子里，看不到独立的自己，那它就永远也不可能找到自信。

要记住：我们每个人都有变成优秀员工的机会，只是我们从未察觉自己能行而已。从现在就开始，每天早上起床对自己说一遍：我能，一切皆有可能。

课堂练习一

通过自我设立目标、自我分析、自我激励和自我认可来获得自信心。针对"觉得我现在做什么事都怕做不好"的情况，我们就需要用自我分析的方法来提升自己的自信心。下面提出问题，请记录得分（肯定得1分，否定得0分）：

1）我是否很清楚、很明确地知道我所要达到的目标是什么（首先从自己的兴趣出发）？

2）我是否在头脑中已看到我成功的情形，以加强我成功的欲望？

3）我是否制定了周详而具体的计划，并随时评估所执行的效果？

4）是否决定了的事我马上就会去做，毫不迟疑，从不找借口拖延？

5）我是否充满热情，而且能感染四周的人，把他们带动起来？

6）我是否心胸开阔，有容纳不同意见的雅量？

7）我是否常常乐于请教别人，吸收别人的智慧和经验？

8）我是否努力吸收专业技术和知识，永不满足？

9）我是否加强了创意和想象力，以提高、扩大我的思考层面？

10）我是否经常利用潜意识的力量，帮助自己解决问题？

11）我是否喜欢自己、肯定自己、信任自己、重视自己？

12）我是否了解自己的长处和短处，并全力去发挥自己的长处？

13）我是否不断改善自己的思想、谈吐、仪态，使人人乐于亲近？

14）我是否注意改进人际关系，以加强和谐的效果？

15）我是否运用沟通、协调，集合众人力量，达到众志成城的效果？

16）我是否以积极肯定的心态，面对所有的事物？

17）我是否意志坚定，绝不向困难、挫折低头？我是否永不放弃？

18）我是否心无旁骛，绝不三心二意，也绝不一心二用？

19）我是否乐于多付出一分心力，绝不计较报酬？

20）我是否随时随地注意，并且培养各种良好的做事和生活习惯？

21）我是否能够排除私心、偏见而保持客观冷静？

22）我是否能把工作看成是我的最大乐趣，而达到废寝忘食的地步？

23）我是否懂得充分利用时间？懂得时间是最宝贵的资源？

24）我是否了解金钱的功能？懂得用钱的艺术？

25）我是否很节俭，而且把固定所得的一部分储蓄下来？

26）我是否留意吸收营养、保健身体、锻炼身体？

希望你从今天起，每天在上床之前完成这个测验，经过一个月的不断调整、反复练习，清楚地规划自己的人生（自我评估→发现人生目标→着手准备实现人生目标→考虑人生规划中的细节→思考如何实现→行动→反馈评估→不断修正和完善人生目标），并使之养成习惯。这样将会使你因自己每天得分的迅速增加而提高自信心。

课堂练习二

1）模拟有同学生病住院，自己去照顾。

2）对课程交叉的同学做辅导。

3）针对社会上的捐助及一些公益事业，谈自己有什么样的体会。

要求：每个活动完毕后由其他同学指出其问题点，并总结活动的体会。

课后作业

你认为日常生活及工作中，友爱自信都体现在哪几个方面？做个友爱自信的人对我们的发展有什么好处？并以"友爱自信对人生的帮助"为题写一篇心得体会。

第七章

勤奋坚韧

学习目的

通过学习，了解勤奋坚韧的基本含义和勤奋坚韧的重要作用，自觉养成一种良好的习惯。

本章重点

※什么是勤奋坚韧

※勤奋坚韧的意义和作用

※怎样才能做到勤奋坚韧

一个人的能力，尤其是专业知识、工作规划以及处理问题的能力，都不是两三天就可以培养起来的，但只要"勤"，就能有效地提高自己在这方面的能力。

当今社会许多人羡慕有些人突然像彗星一般地闪亮，却忽视了他们在能够发光之前所下的工夫，所忍受的寂寞，所挨过的苦闷。这些人可能跑得快一些，但所经过的努力与磨练远比别人多得多。与其临渊羡鱼不如退而结网。俗话说"一分耕耘，一分收获"，要怎么收获，先要看怎么播种。只有采取行动，运用你的所学，把口水变成汗水，梦想才不再是空想。空话代替不了实干，唯有踏实行动才是真实的语言。"艰难困苦，玉汝于成"，平静的湖面练不出强悍的水手，安逸的环境造不出时代的英才。面对逆境要勤奋坚定地走下去。滴水穿石、愚公移山、龟兔赛跑、乌龟折桂等这些看似不可思议的事情，都是由于坚持而变成了现实。也许我们的力量很小，但只要锲而不舍，便没有不可征服的高峰；也许我们的智力驽钝，但只要坚韧不拔，便没有不可逾越的障碍。坚持到最后一刻的才是胜者！

"勤奋"是能够踏上成功道路的基石，"勤"自古以来即是名人志士从小就养成的习惯。"奋"是指奋发向上，积极面对困境，向困难发出挑战。"坚韧"是我们一直要追求的品格，古代圣贤曾经留言于世"锲而不舍，金石可镂"。

勤奋坚韧显示一个人能否将"大任"扛于肩上，首先要勤奋学习，坚持不懈地努力，这样才有机会成功。常言道："天才出自于勤奋"，"天才是百分之一的聪明加百分之九十九的汗水"，可见勤奋是通向成功的桥梁。爱因斯坦也曾经说过："在天才和勤奋之间，我毫不迟疑地选择勤奋。它几乎是世界上一切成就的诞生者。"

第一节 勤奋坚韧概述

　　勤奋指的是勤勤恳恳、奋发向上的工作状态和精神状态。坚韧指的是一个人是否具有成功的潜能，能否在艰苦的环境下迎难而上、坚持下去，从而获得胜利；坚韧体现了一个人的性格和面对困境所表现出的行为。勤奋和坚韧是成功所必经的途径，也是强者的试金石。

　　自古以来我国就有勤奋坚韧的传统美德。民间有谚语：勤奋和智慧是双胞胎，懒惰和愚蠢是亲兄弟。出于勤奋，古人给我们留下了"头悬梁锥刺股""凿壁偷光""囊萤映雪"的千古美谈。勤奋和坚韧是分不开的一个整体。以古人为鉴，我们应学着变得勤奋坚韧；以植物为鉴，我们应像立足于悬崖边的青松，昂首于乱石堆里的绿色韧草，滴水穿石的水滴。勤奋坚韧是成功人士所必须拥有的品质，只要具有铁棒磨成针的顽强毅力，披荆斩棘、勇往直前，成功就不会可望而不可及！

　　在高速发展的经济社会里，企业对人才素质的要求越来越高，企业招聘时把勤奋坚韧看作是最基本的要求之一。我们要成为公司一员，必须拥有勤奋坚韧的工作态度，再通过努力学习才可能成为一个与企业共进的人才。一个人的能力有大小，只要肯努力，每个公司都会为那些平凡而努力的人提供机会！一个始终做到"勤勉"的人不管到哪里都会为自己赢得尊重。

　　（1）给自己塑造敬业的形象

　　当其他人浑水摸鱼而你兢兢业业地勤奋工作，这种敬业精神会成为他人眼里的焦点，大家认为你的这种精神值得敬佩。

　　（2）容易得到别人谅解

　　当工作出错时，有些上司喜欢找个替罪羊，如果你很"勤"，别人不大会找到你头上，因为人们一般不会找一个勤于工作的人来替罪；如果你确实做错了事，一般人也不忍心指责你，大家会认为一个认真的人出了点错，下次会改正的。

（3）容易获得领导信任

领导喜欢启用勤奋的人，因为这样他比较放心。如果你真的能力不足，但因为勤，领导还是会给你合适的机会。领导都喜欢鼓励肯上进的人，此理古今中外皆同。

要想成功，就必须加倍付出和努力。俗话说："种瓜得瓜，种豆得豆"，有了辛勤的劳动，我们才会有丰硕的成果，不劳而获的事情不会存在于当今社会！只有不平凡的过程，才会造就不平凡的结果；只有全身心地投入工作，所有的梦想才能如愿以偿。

第二节 怎样才能做到勤奋坚韧

当今社会竞争压力越来越大，使得寻找一份理想工作的难度系数倍增。对于刚刚步入社会的我们来说，应该如何来面对这种严峻的形势呢？勤奋坚韧的工作态度不可或缺。怎样才能做到勤奋坚韧呢？

1、要有学习的态度和上进心，珍惜时间、主动学习、学以致用

学习对每个人的职业生涯都具有重要的意义。勤奋的学习是保持知识更新，适应时代发展的必要选择，不是一朝一夕的事，所以要坚韧地持续努力。"光阴似箭，日月如梭"，时间在匆匆地流逝，抓起来就是金子，抓不到就像流水。谁珍惜时间，时间对谁慷慨；谁会利用时间，时间就会服服帖帖地为谁服务。时间留给丢失者的是遗憾和惆怅；时间给珍惜者献上的是绚丽人生。曾有一本科生在企业考试时，对简单的三角函数都不会算，成绩极为糟糕，事后

问其原因，他回答说："我学的是高等数学！"不会学以致用，那么我们学习再高级的数学又有何作用。我们应该注重"工作中学习，学习后工作"，在实践中总结经验，提升自我。

2、能吃苦耐劳，主动率先，不怕脏不怕累

吃得苦中苦，方为人上人。在刚涉入社会的时候，不妨从基础干起。有所失必有所得，只有放得下，才能拿得起。舍不得放下自己的虚架子，怎么能得到别人的赏识呢？现在很多学生生活条件比较好，在家过着衣来伸手，饭来张口的依赖生活。什么都不用想，什么都不用做，一切都由家长安排好了。可到了学校之后，许多事情都要靠自己独立完成，刚开始就会出现一些问题，如：不会洗衣服、不会叠被子、打扫卫生嫌脏、实习嫌累、学习没有积极性、做事不认真、不讲卫生（乱扔垃圾、不洗脸、长期不洗澡、吸烟、随地吐痰等）、没有礼貌（见了老师和同学不打招呼等）和缺乏教养（说脏话、爱打架等）等，这些都将影响学生的发展和以后的成长，必须加以改进才能在职场中有所作为。勤奋坚韧才能创造更多的机会，在机会来临前你做好艰苦奋战的准备了吗？

3、要坚持不懈，坚持就是胜利

不论工作合意与否，总能坚持到底，一定要达到目的的人，才能获得胜利。那些以一种勇敢的精神、坚毅的步伐、满腔的热情去做自己不喜欢、不相称的工作，并最终做出非凡业绩的人，才是真正具有坚强毅力的人。没有什么能比竭尽全力、意志坚定地去完成自己既定目标的人，更能获得他人的钦佩与敬仰。一个人一旦树立了有毅力、有决心、有忍耐力的声誉，那么世界终将为他打开出路；唯有那些有坚定的信心、十足恒心的人，才能创造一切，为他人所信赖。而那些意志不坚定、缺乏恒心的人，做不成大事，往往被别人所轻视，得不到别人的信赖与敬佩。

以一颗坚韧的恒心，坚定自己的意志，不放弃希望并发挥自己的才干，便会获得成功。在学校中有许多学生曾经因受不了军训的累和苦而选择退学。五

公里体能测试最能体现一个人是否吃苦耐劳、坚持不懈。有的学生在跑步的时候刚跑了三、四圈，身体稍微有不适就慢下来落队了。久而久之就不再坚持总是跑在队伍后面。其实跑到第四圈时会出现一个极点，会感觉跑不下来，但坚持一会儿就过去了。之后还会出现一次，但也是坚持一下就过去了。体质越差的人极点出现的越早，消失的越快，所以在跑步时一定要坚持。如果连这点苦累都承受不了，以后单位或者公司会用这样的人吗？"行百里者半九十"，走一百里路，走了九十里才算走了一半。比喻做事愈接近成功愈困难，愈要认真对待。坚持到最后一刻的人才是胜者。我们要有刻苦敬业、不达目标不罢休的精神及韧性。

4、要有不服输的精神，屡败屡战

做事遇到困难，是再平常不过的事情了。我们每个人在任何时候都会遇到大小不同的困难，这些困难也向我们提出了不同的挑战，我们的回答是："战胜困难的人，都是强者！"我们在生活和事业中碰到困难时，绝不言退！把困难当成是对自己的一种考验与磨练，在克服这些困难的过程中，我们在智慧、经验、心志、胸怀等方面都会有所成长。所谓"不经一事，不长一智"，说的就是这一道理。至少我们学会了该怎样应付它，所积累的经验和信心将是我们一生中最可贵的财富！比如做事，如果第一次把事情做坏了，有的人就会害怕，不敢再做这件事情了，甚至做任何事情都心惊胆颤，害怕出事。越是这样，你就越做不好事情，这个时候一定不要退缩，否则就再也爬不起来了。只有当你跨过这座山之后，你会发觉它只不过是群山中的一座小山丘而已。任何东西都无法取代顽强的意志和良好的心理素质。做事的境界不在于永不失败，而在永不言败、屡败屡战、屡仆屡起。遇到失败并不可怕，可怕的是不能勇敢面对失败。只要站起来比倒下去多一次，就是成功。

课堂练习

大声说下列话语：我是最棒的！嗨！嗨！我的左边是最棒的！嗨！我的右边是最棒的！嗨！我的左边的左边，右边的右边都是最棒的！嗨！我们是最棒

的！嗨！嗨！

在说"嗨"字的时候尽量呼出空气；在说"左"、"右"方向的时候，扭头看所说方向的人，并轻拍他的肩膀，将上面的话重复说两次，要注意语速。

课后作业一

1）在班级组织每月每人做一次感恩回报活动。

2）坚持每天早晨早起半小时背课文，一个月后看效果。

3）每周五公里测试，勇敢挑战极限。

4）做俯卧撑，看自己到底能创造做多少个的记录。

5）洗衣服、打扫卫生等，做自己以前从来没有做过和不愿意做的事情。

6）打扫厕所卫生，用实际行动证明自己能做脏活、累活。

要求：每个人亲自动手参与、挑战自己，一个周期后进行检查。

课后作业二

你认为在日常生活中，怎样才能做到勤奋坚韧？如何才能够提高自己吃苦耐劳的精神？并以"勤奋坚韧好品德"为题写一份心得体会。

第八章

严谨负责

学习目的

通过学习，了解严谨负责的基本含义和重要作用，自觉养成严谨负责的良好习惯。

本章重点

※什么是严谨负责

※严谨负责的意义和作用

※怎样才能做到严谨负责

在这个世界上，每一个人都扮演了不同的角色，每一个角色又承担了不同的责任。从某种程度上说，对角色饰演的最大成功就是对责任的承担。正视责任，让我们在困难时能够坚持，让我们在成功时保持冷静，让我们在绝望时绝不放弃。没有认真的工作态度和严谨的工作作风，什么事情都做不成，也做不好。任何一项事业都是由诸多小的工作环节组成的系统工程，对每个工作环节都认真负责的人才能变得更优秀。汪中求先生在《细节决定成败》一书中说："中国绝不缺少雄韬伟略的战略家，缺少的是精益求精的执行者；绝不缺少各类规章制度、管理制度，缺少的是对规章制度不折不扣的执行。"

人非圣贤，熟能无过。任何时候在自己的责任范围内，不管出现什么样的失误和错误，绝不找任何借口敷衍塞责，唯一要做的就是承担责任、汲取教训、改进工作。负责不是一时一地的做给别人看的一种表现或一种景致，而是一个人一辈子坚守的信念和品德。现代职场中，有很多年轻人好高骛远，不能踏踏实实地工作，工作中出现一些小问题也不愿意深究，放之任之。他们的观点是：大错我一定承认，芝麻大点的错，何必那么认真地计较，有点小题大做了吧，根本没必要！我们如果这样看待错误就是错上加错，大错特错了。工作无小事，更无小错。百分之一的错误往往会带来百分之百的失败。忽视小错就是无视大责任。没什么事是不可能发生的，不负责的态度终将遭遇挫折或无为一生。

古英格兰有一首著名的名谣："少了一枚铁钉，掉了一只马掌；掉了一只马掌，丢了一匹战马；丢了一匹战马，败了一场战役；败了一场战役，丢了一个国家。"这是发生在英国查理三世时的故事。查理准备与里奇蒙德决一死战，他让一个马夫去给自己的战马钉马掌，钉到第四个马掌时，差一个钉子，马夫便偷偷敷衍了事。不久，查理和对方交上了火，大战中忽然一只马掌掉了，国王被掀翻在地，王国随之易主。百分之一的错误导致了百分之百的失败，一钉损一马，一马失社稷，你是否听到了一个远去的王朝在风中的悲鸣？

在日常的工作、学习、交际等各方面都需要具有一定的责任感。作为这个社会的一员，我们要做到爱护身边的环境；作为国家的一员，要做到最基本的热爱祖国；作为家庭的一员，我们要爱这个家庭，为自己的家人做贡献；而作为公司的一员，我们应该做好自己的工作，热爱自己的岗位，保持严谨负责的态度，认真对待每一分每一秒。

第一节 严谨负责概述

严谨指的是做事严肃、谨慎、认真、细心。工作是工作，生活是生活，两者完全分开，只有公私分明，才能将正常的事务处理好。德国有句谚语：严谨慎重，智慧之母。

负责就是尽到职责，做你应该做的事。简单说是履行义务，详细说是履行由社会角色的定位而产生的外加义务。对亲人负责，就是履行你作为家庭成员对至亲的人的责任；对同事负责，就是履行你作为团队的一员的责任；对公司负责，就是履行你作为员工对公司、对老板的责任；对社会负责，就是履行你作为公民对社会的责任。

严谨负责有如下重要的意义：

（1）得到尊重，获得自尊心和自信心

在任何一个单位，只要你努力工作，认真、负责地对待每一件事，你就会受到尊重，从而获得更多的自尊心和自信心，也会赢得别人的尊重。

（2）个人能力得到提升

抱着主人翁的精神和认真进取的心态去对待工作，自然就能做得更好。作为年轻人，刚刚踏入社会时，不必过分考虑薪水的多少，而应该注意工作本身给自己带来的发展机会。譬如发展自己的技能，增加社会经验，提升个人的人格魅力。不断改进工作方法，能力也就跟着不断提升。

（3）得到领导信任和依赖

如果你每次都把工作做好了，彻底执行领导下达的命令，你的工作会很顺利，自然而然领导看你的眼光就会变成赞赏。那么你就会赢得领导的信任，担负更大的责任。

名言警句

每个人都被生命询问，而他只有用自己的生命才能回答此问题，只有以"负责"来答复生命。因此，"能够负责"是人类存在最重要的本质。

——［英］维克多·费兰克

第二节 怎样才能做到严谨负责

首先在生活中要做到对自己有一个严谨的态度，其次是工作，严谨负责是将工作事务处理好的关键。如果你对自己的生活都不严谨，觉得无所谓，发展到最后你可能会对自己的生命不负责任。做到了严谨还要做到负责任，这完全取决于你对工作的态度和工作对于你的重要性。既然严谨负责在工作和生活中都这么重要，我们怎么样才能养成这个好习惯呢？但凡成功人士都是全身心投入，用自己一生的精力完全付诸于工作或自己的梦想，才会取得巨大的成就，那么我们要怎么做呢？

1、热爱自己的岗位，做好本职工作，始终追求精益求精

罗宾斯说，我们欣赏那些对工作满腔热情的人，欣赏那些将工作中的奋斗、拼搏看作人生的快乐和荣耀的人。据调查，大中专毕业学生，有90%的人都是专业不对口，而另外10%的人也是对自己的工作不满意，满腹抱怨，想另谋高就。但是纵观这些人的工作业绩，却是平淡无奇。由此而知，这些想另谋

高就的人连自己的本职工作都做不好，试问他们又怎能做好别的事情呢？所以要想有所成就，就要爱岗敬业，做好自己的本职，再谋其它的出路。通过积极学习，参加各种补习班，来充实自己。复旦大学原校长杨福家曾经说："当你踏出校门那一刻，你所学的知识已经落后社会四年。"那么不敢想象，如果我们停止接受新的思想，汲取新的知识，在这个科技发展日新月异的时代，我们如何立足。所以一定要勤奋学习，补充新知识，并且一直坚持下去，做到"活到老，学到老"，"工作中学习，学习后工作"。

2、严以律己，公私分明，恪尽职守，永不懈怠

一个员工，平日上班不修边幅，在工作中更是利用自己的职务之便，在上班时间打电话聊天，而话题却是"中午去哪里吃饭"，"周末去哪里玩"——刚上班就计划好下班要做的事情了，这样的人，迟早会被老板炒鱿鱼。所以员工在平日的工作中一定要公私分明，严以律己，不做与工作无关的事情。

■最后一关

年前的一天，我去一家公司应聘一名营销经理，年薪8万。我一路闯关，从99位应聘者中杀出，终获总裁召见。

那一天，我飘飘然地走进总裁办公室。总裁不在，只有一位年轻漂亮的女秘书洋溢着一脸职业性的微笑，对我说："先生，您好，总裁不在，他让您给他打个电话。"

我掏出手机，拨了一串号码。但就在这时，我看见办公桌上有两部电话，就问那小姐："我可以用用吗？"

"可以。"女秘书依然微笑着。

我拿起电话，终于跟总裁联系上了。总裁在那端兴奋地说："小王啊，我看了你的简历，打听了你的答辩情况，的确很优秀，欢迎你加盟本公司。"

我高兴得心花怒放，第一个反应就是要将这个好消息与我的女友分享。半个月前，女友出差去了国外。我刚拨了手机，却又迟疑了：

这可是国际长途啊！这时，我又看了看那两部电话，忽然想到：我都快是公司的人了，他们是大公司，不会在乎一点儿电话费吧？于是我便拿起电话："喂，米妮吗？告诉你一个好消息，总裁已经……"

恰在这时，另一部电话响起。

"先生，您的电话。"女秘书送了我一个诡秘的笑。

"对不起，小王，刚才我的话宣布作废。通过DVP监控，你没能闯过最后一关，实在抱歉……"总裁在电话里温和地对我说。

"为什么？"我呆呆地问。

女秘书惋惜地摇摇头，叹道："唉，许多人和您一样，都忽略了一个微小的细节。在没有成为公司正式员工之前，明明身上有手机，干嘛不用手机呢？"

3、严肃明纪，听从安排

工作现场是一个很严肃的地方，不允许勾肩搭背，嬉戏打闹。如果一个人在工作的时候不严肃、严谨，一边吃零食，或一边看小说、聊天，一边操作机台，那么肯定会导致事故发生。所以做任何事情都要有一个认真的态度，对自己所属的工作负责。尤其是做精密模具的，一个数据输入错误或是一个小数点加错位置，都会导致异常发生。

一次对外贸易活动中，由于工作人员的疏忽，将数字100.00万中的一点漏掉了，结果造成的损失高出100倍；另一次贸易活动中，也是由于疏忽，一封重要函件的寄达地点——乌鲁木齐中的"乌"字多写了一点，变成了"鸟鲁木齐"，导致函件无法按时寄达，耽误了约定的时间，使一宗大买卖告吹……

保持负责的态度对待工作，对待每一件事情；遵守纪律，听从领导安排，才是一名优秀员工应该具备的基本素养。

4、尽职尽责，细致入微

作为一名优秀的企业员工，应该对自己的工作热忱、细心，能及时发现问题并解决问题。在工作中，仔细检查你所设置的参数是否正确，数据输入是否

正确，仔细确认程序是否存在漏洞和弊端。每天上班前点检机台状况，进行车间的6S工作，将各种事故发生的几率降至最低。不要认为一些细小的事情没有大碍，"魔鬼永远隐藏在细节之中"。相信做好这些，你已经离成功很近了，你将是一个优秀的员工，有为公司创造价值、维护好企业形象的能力，同时对自己的提升也有很大的帮助。

5、认真负责，从点滴做起

事无大小，只有做好每一件事，才能养成严谨负责的态度。如打扫卫生、整理床铺、摆放工具、清理机床等，这些都会让你在观念上有所改变，以细小为伟大，严谨负责，不会让你的生活变成一团糟，最后再导致工作上的失误。

东汉时有一少年名叫陈蕃，自命不凡，一心只想干大事业。一天，其友薛勤来访，见他独居的院内龌龊不堪，便对他说："孺子何不洒扫以待宾客？"他答道："大丈夫处世，当扫天下，安事一屋？"薛勤当即反问道："一屋不扫，何以扫天下？"陈蕃无言以对。

陈蕃欲"扫天下"的胸怀固然不错，但错的是他没有意识到"扫天下"正是从"扫一屋"开始的，"扫天下"包含了"扫一屋"，而不"扫一屋"是断然不能实现"扫天下"的理想的。

老子云："合抱之木，生于毫末；九层之台，起于累土；千里之行，始于足下。"荀子《劝学篇》里说："故不积跬步，无以至千里，不积小流，无以成江海。"前苏联革命导师列宁也说过"人要成就一件大事，就得从小事做起"。以上这些至理名言，都充分体现了"扫天下"与"扫一屋"的哲学关系，说明了任何大事都是由小事积累而成的道理。"莫以善小而不为"，"善"再小，也只有积善才能成德。雷锋同志就是从"扫一屋"做起的最好典范，在平凡的岗位上，默默奉献，认真负责地做好身边每一件力所能及的小事。

课堂练习

1）勇于担当职责，竞选班委。

2）模拟每个人都养了一个小宠物，看他们对自己的宠物的负责程度。

3）实习工作中，每个人做表格记录对自己工件的质量要求度。

4）做值日，维护教室和宿舍的纪律、卫生、安全（做值周班长提升自己的管理能力）。

5）轮流做卫生区的维护工作，尽职尽责见到垃圾主动捡起。

课后作业

你认为在现实生活中如何做到严谨负责？并根据自己学习后的感悟写一份心得体会《严谨负责好品质》。

积 极 主 动

通过学习，了解积极主动的基本含义和重要意义，自觉遵守积极主动的道德规范。

※什么是积极主动

※积极主动的意义和作用

※怎样才能做到积极主动

一个人的行为本身并不能完全说明其自身素养，它取决于一人行动时的精神状态。事情是否单调乏味，往往取决于我们做事时的心情。千万不要视工作为鸡肋，"食之无味，弃之可惜"，结果做得心不甘情不愿，于公于私都没好处。如果想登上成功之梯的最高阶，纵使面对缺乏挑战或毫无乐趣的工作，你必须永远保持主动率先的精神，才终能获得回报。当你养成这种主动自发的习惯时，你就有可能成为老板和领导者。那些位高权重的人是因为他们以行动证明了自己勇于承担责任，值得信赖。

第一节 什么是积极主动

积极主动（Pro-active）这个词最早是由著名心理学家维克托·弗兰克推介给大众的。弗兰克本人就是一个积极主动、永不向困难低头的典范。他原本是一位受弗洛伊德心理学派影响颇深的决定论心理学家，但是，他在纳粹集中营里经历了一段凄惨的岁月后，开创出了独具一格的心理学流派。

弗兰克的父母、妻子、兄弟都死于纳粹魔掌，而他本人则在纳粹集中营里受到严刑拷打。有一天，他赤身独处于囚室之中，突然意识到了一种全新的感受——也许，正是集中营里的恶劣环境让他猛然警醒："在任何极端的环境里，人们总会拥有一种最后的自由，那就是选择自己的态度的自由。"弗兰克的意思是说，在一个人极端痛苦无助的时候，他依然可以自行决定他的人生态度。在最为艰苦的岁月里，弗兰克选择了积极向上的态度。他没有悲观绝望，反而在脑海中设想，自己获释以后该如何站在讲台上，把这一段痛苦的经历介绍给自己的学生。凭着这种积极、乐观的思维方式，他在狱中不断磨炼自己的意志，使得自己的心灵超越了牢笼的禁锢，在自由的天地里任意驰骋。

弗兰克在狱中发现的思维准则，正是我们每一个追求成功的人所必须具有的人生态度——积极主动。

所谓积极，分为心理上和行动上。心理上的积极，是指想法光明，对未来的期望是朝向好的方向。这就跟乐观差不多，人们常说你的想法积极，就是说你凡事往好的方面想，这是一种好的精神状态，通常让人对生活充满希望。有一句话这样说："这个世界怎么样，不在于它长的怎么样，在于你想它怎么样。" 一个人的主观看法，往往占有很大的主导作用。行动上的积极，就是指人们按照自己的意愿主动地把想法付诸于行动。想到什么好点子，就去做，而不是拖拖拉拉。当然，这种行动上的积极，是建立在心理积极的前提下的，所以，积极的心态会导致人们有积极的行动。心态上的积极，也可以从另一个角度说，就是勇敢面对问题，即使是挫败，也总相信有好的一面，同时努力地去发掘。所以，对同样的半杯水，不同的人看到的东西不一样，积极的人看到杯里还有半杯水，消极的人就只看到剩下半杯水了。

什么是主动？主动就是不用别人告诉你，你就能出色地完成工作。次之，就是别人告诉了你一次，你就能去做。

积极主动就是用乐观的想法看待问题，自己有什么想法能立即付诸行动，工作中的事情能够主动自发地去做，并能出色完成。

如果你把做事当成一种学习与锻炼的机会，或想到这件事对自己或他人的帮助，甚至把它当成一种艺术，你就会觉得它充满乐趣，逐渐由被动的心态转为主动心态。

第二节 积极主动的意义

三十年前，在工业社会里，每位员工都是企业机器里的一个齿轮。因此，所有公司最喜欢的人才是：一个有专业知识的、能够埋头苦干的人。

斗转星移，今天人们对人才的定义已经发生了很大的变化，因为在现代化的企业中，大多数人的工作不再是机械式的重复劳动，而是需要独立思考、自主决策的复杂过程。著名的管理学家彼得·德鲁克曾指出："未来的历史学家会说，这个世纪最重要的事情不是技术或网络的革新，而是人类生存状况的重大改变。在这个世纪里，人将拥有更多的选择，他们必须积极地管理自己。"所以，今天大多数优秀的企业对人才的期望是：积极主动、充满热情、灵活自信的人。

要想在现代化的企业中获得成功，就必须努力培养自己的主动意识。在工作中要勇于承担责任，主动为自己设定工作目标，并不断改进方式和方法。此外，还应当培养推销自己的能力，在领导或同事面前要善于表现自己的优点。

时间 就是金钱，
效率 就是生命。

图6 积极主动地工作

作为当代中国的青年一代，你应该不再只是被动地等待别人告诉你该做什么，而是应该主动去了解自己要做什么，并且规划它们，然后全力以赴地去完成。想想今天世界上最成功的那些人，有几个是唯唯诺诺、被动消极的人？对待自己的学业和工作，你需要以一个母亲对孩子那样的责任心全力投入、不断努力。只要有了积极主动的态度，没有什么目标是不能达到的。

其实，许多年轻人并不是没有积极主动地作出自己的决定，而是不习惯在重大问题上作出自己的决定。如果问一位中国的大学生："你最常作的决定是什么？"他的回答很可能是决定买什么样的电脑、看什么电影、读什么书等。这些事情固然需要作出决定，但是，许多重要的决定更需要由你自己作出，例如，读什么专业、读什么学校、考研还是出国等。大家可能习惯于听从父母的安排，或参考大多数同学的选择。殊不知，在这些最重要的问题上，只有你自己的决定才能帮助你迈向真正的成功。自己作一些无关紧要的决定，但是对一生有重大影响的决定却听他人的，这是多么不合逻辑呀！

当Google的创始人赛吉·布林和拉里·佩奇在电视上被访问时，记者问他们的成功应该归功于哪一所学校，他们并没有回答斯坦福大学或密西根大学，而回答的是蒙台梭利小学。在蒙台梭利教育的环境下，他们学会了"自己的事，自己负责，自己解决"。这样的积极教育方式赋予了他们敢于尝试、积极主动的习惯，因而带来了他们的成功。

所以，每一个年轻人都要拥有一个积极、主动的心，你必须善于规划和管理自己的事业，为自己的人生作出最为重要的抉择。没有人比你更在乎你自己的事业，没有什么东西像积极主动的态度一样更能体现你自己的独立人格。

正如美国诗人惠特曼在《草叶集》里所写的那样："我不能，别的任何人也不能代替你走过那条路；你必须自己去走。"

积极主动有以下四种意义。

1、积极主动的人更容易成功

成功和平庸之辈，是两种截然不同的人，成功的人凡事都积极主动，平庸的人凡事都被动。你只要观察这两种人的行为，就可以找到一个成功的规律，在工作中积极主动的人，都是不断做事的人，他凡事立即就去做，直到完成为止；消极被动的人，都是懒惰散漫的人，他们会找借口偷懒，直到最后想做时已经来不及了。有了积极主动的工作心态，任何目标均可达成。

杰克逊现在是堪斯亚建筑工程公司的执行副总。几年前他是作为一名送水工被堪斯亚一支建筑队招聘进来的。杰克逊并不像其他的送水工那样把水桶搬进来之后就一面抱怨工资太少，一面躲在墙角抽烟，他会给每一个工人的水壶倒满水，并在工人休息时缠着他们讲解关于建筑的各项工作。不久，这个勤奋好学的人引起了建筑队长的注意。两周后，杰克逊当上了计时员。当上计时员的杰克逊依然勤勤恳恳地工作，他总是早上第一个来，晚上最后一个离开。由于他对所有的建筑工作，比如打地基、垒砖、刷泥浆都非常熟悉，当建筑队的老板不在时，工人们总喜欢向他咨询。有一次，老板看到杰克逊把旧的红色法兰绒撕开包在日光灯上，以解决施工时没有足够的红灯来照明的困难，老板决定让这个肯动脑又能干的年轻人做自己的助理。后来，他成了公司的副总，但他依然特别积极主动地工作，从不说闲话，也从不参加到任何纷争中去。他鼓励大家学会用脑工作，学习和运用新知识，他还常常画草图、拟计划，向大家提出各种好的建议。

杰克逊没有什么惊世骇俗的才华，他只是一个普普通通的送水工，一个穷苦的孩子，但是凭着主动思考、积极工作的美德，而被老板赏识。

2、积极主动的人能够以乐观的心态看问题

世间事物均有双面性，从不同的角度看问题，最后所得到的结果是不一样的。比如周日加班，消极的人看到的是自己周日又来上班，又要劳累一天；而积极主动的人会认为，本周我可以多工作一天，可以多学到一点知识，并有加班费，何乐而不为呢。

3、积极主动的人能够获得更多的成长机会

对员工来说，工作似乎有份内和份外之分，可在领导那里，所有的工作是不分份内和份外的。优秀员工是在优质高效地做完自己的本职工作后，总能自觉地协助同事和领导做好不属于自己，但属于团队、属于公司的事。他们做的工作超出自身职责范围，能获得更多的个人成长机会。

英特尔总裁安迪·葛洛夫应邀对加州大学伯克利分校的毕业生发表演讲的时候，提出以下建议："不管你在哪里工作，都别只把自己当成是名员工，应该学会努力适应，把公司当成是自己开的一样。事业生涯除了自己之外，全天下没有人可以掌控，因为这是你自己的事业。"

肖伟高中毕业后随表哥到深圳打工。他和表哥在码头的一个仓库给别人缝补帆布。肖伟非常能干，活儿做得也非常精细，当他看到别人丢弃的线头、碎布就会随手拾起来，留做备用，好像这个公司是自己开的一样。

一天夜里，暴风雨骤起，肖伟从床上迅速爬起来，拿起手电筒就冲到大雨里。表哥劝不住他，骂他是个傻瓜。

在露天仓库里，肖伟察看了一个又一个货堆，加固被风掀起的篷布。这时候老板正好开车过来，只见肖伟已经成了一个水人。

当老板看到货物完好无损时，当场表示要给肖伟加薪。肖伟说："不用了，我只是看看我缝补的帆布结不结实。况且，我就住在仓库旁，顺便看看货物只是举手之劳。"

老板见肖伟如此诚实，如此仔细认真地对待工作，就让他到另一个公司当经理。

肖伟刚上任，需要招聘几个文化程度高的大学毕业生当业务员，肖伟的表哥跑来，说："给我弄个好差使干干。"肖伟深知表哥的个性，就说："你不行。"表哥说："看大门也不行吗？"肖伟说："不行，因为你不会把公司的事当成自己的事干。"表哥说："笨蛋，这又不是你自己的公司！"临走时，表哥说肖伟没良心，不料肖伟却说："只有把公司当成自己的公司的人，才能把事情干好，才算有良心。"

几年后，肖伟成了一家公司的总裁，他的表哥却还在码头上给别人缝补帆布。

同样的起点，同样的环境，兄弟二人却有着截然不同的工作态度。同一件事，对于视工作为事业者来说，意味着积极主动、执著追求、力求完美，而对于视工作为谋生手段者而言，则意味着出于无奈，不得已而为之。

4、积极主动的人不惧怕失败

失败是成功之母。消极的人面对失败，会显得不知所措；而积极的人会将失败当成自己一次锻炼的机会，在失败中吸取教训，不断地总结教训和经验，虚心向别人学习，避免再次出现失败。

第三节 怎样做才是积极主动

积极主动是做好工作的基础。养成积极主动的工作品质，对于个人来说绝不可少。

1、端正工作态度，清楚你是在为自己工作

（1）不只是为薪水工作

心情愉快地工作，就会使你全身心投入。本来你觉得乏味无比的事情就会变得妙趣横生，这正是工作的本质所在。工作有比薪水更为丰富的内涵，工作是人的一种需要。工作中能获得乐趣和享受成就感，只有积极主动地工作，才能取得成就感，才能体会到成就感给你带来的快乐。如果只为薪水工作，最终吃亏的是你自己，最终失败的也是你自己。

（2）别在工作上被人看不起

作为社会的一分子，工作是人生存的资本。一个人只有做好自己的本职工作，在工作中做到优秀，才会受到别人尊重，得到领导的重用，才可以获得成功。

2、具备良好的思想品德才会积极主动工作

思想品德是人的素质中最宝贵的。具备优良的思想品德，你就会不讲价钱、不计报酬、积极主动地去完成任务。而你出色地完成任务，就会得到认

可，也会得到回报。当然良好的思想品德是要用一生去造就的，无论孩提时代、青少年期、中年期、老年期都需要历练。正像《大学》中所说："自天下以至于庶人，一是皆以修身为本。" 造就自身良好的思想品德，才会对社会、对公司负有责任感，才会积极主动工作。

3、积极主动要从点滴做起

实现自己的人生目标要着眼长远，立足点滴。需知伟大来自平凡，大事是由小事积累而成的。按部就班从点滴做起是实现任何目标唯一聪明的做法，要把做任何一件事当成向前跨步的好机会。从点滴做起，不怕吃苦，就能积小为大，积少成多。

一个人一生中除去休息的时间以及不具备劳动能力的时间，剩下大部分是在工作中度过的，所以工作等于一个人一生的价值。只要将工作本身看成一种神圣的使命，就会极大地调动个人的积极性，驱使自己主动自发地干好每一项本职工作。

4、工作中努力想办法来解决问题

如果有了积极主动的工作态度，则在碰到问题时，会积极主动地去想办法解决；即使自己想出来的办法不是最好的，但也能保证问题的解决；自己想不出办法时，能积极主动地去请教别人，这种习惯不只是谦虚的问题，而是一种做事的态度。

一家建筑公司的经理突然收到一份购买两只小白鼠的账单，不由好生奇怪。原来这两只老鼠是他的一个员工买的。于是，经理把那个员工叫来，问他为什么要买两只小白鼠。员工答道："上星期我们公司去修的那所房子，要安装新电线。我们要把电线穿过一根10米长但直径只有2.5厘米的管道，而管道是砌在砖石里，并且弯了四个弯。我们当中谁也想不出怎么让电线穿过去，最后我想了一个好主意。我到一个商店买来两只小白鼠，一公一母。然后我把一根线绑在公鼠身上并把它放到管子的一端。另一名工作人员则把那只母鼠放到管子的另一端，逗它吱吱叫。公鼠听到母鼠的叫声，便沿着管子跑去救它。公鼠沿着管子跑，身后的那根线也被拖着跑。我把电线拴在线上，小公鼠就拉着线和电线跑过了整个管道。"后来，这位爱动脑筋的员工因此得到了经理的嘉奖。

成功的秘密很简单，就在于开动脑筋去想问题，用智慧去解决问题。不论工作有多么繁忙，也要腾出时间来思考，而不是盲目地去拼体力。

一个知名企业的老总对他的员工说："我们的工作，并不是要你去拼体力，而需要你带着大脑来工作。"这就是说，一个好员工应该勤于思考，善于动脑分析问题和解决问题。

5、工作中不断进行总结

如果有了积极主动的工作态度，在做完事情以后，就能不断地自我总结回顾，从中发现存在的问题。不只是对事情本身进行总结，还包括处理事情的过程和思维方式。这样不断自我总结，既提高了能力，也进一步强化了积极主动的精神和认真负责的态度。对上级负责，对自己负责，对事情负责。总而言之，在企业中，一个员工没有使命感就是一个不称职的员工，他不能很好地完成自己的工作，也不能取得事业上的成功，更不能为企业谋求发展。

丰田公司有一名基层管理人员叫大野耐一，既没上过MBA，又没有读过多少经济学著作，但是他在管理理念方面却颇具灵感。没有人会想到，这位普通职员竟然是丰田生产方式的发明者。

大野喜欢打破沙锅问到底，遇到问题他要连问五个为什么，然后找出解决问题的办法。

有一次，机器开不动了，大野问："为什么机器停了？"

员工回答："负荷太大，保险丝断了。"

大野再问："为什么负荷太大？"

员工回答："轴承部分不够润滑。"

大野又问："为什么不够润滑？"

员工回答："润滑油泵吸不了油。"

大野还问："为什么吸不了油？"

员工回答："油泵磨损，松动了。"

大野追问："为什么会磨损？"

员工回答："没有安装过滤器，粉屑进去了。"

于是，大野灵机一动，找到了解决问题的办法。

如果在工作中勤学好问，就会不断地提高自己的知识储备，总结经验，帮助自己不断地拓展视野。只有这样，才能够利用今天这个资讯时代中的各种信息，帮助自己提高工作效率。而遇事留心才能够在工作中发现问题并解决问题，把工作做得更完美。

课堂练习

1）模拟接到一项新任务时，积极心态和消极心态的不同表现，并讨论其结果。

2）模拟现场两学生（一个拥有积极主动的心态，一个拥有消极心态）得知周末不休息时的不同反应。如果是你，会怎么做？

3）讨论：到实习现场后主动打扫卫生和被指定打扫卫生时的不同感受。

课后作业

你认为我们在日常生活和工作中应该如何做才算是拥有了积极主动的心态？并以"我在积极主动工作"为题写一篇心得体会。

第十章

进取创新

学习目的

通过学习，了解进取创新的基本含义和进取创新的重要意义，自觉遵守进取创新的道德规范。

本章重点

※什么是进取创新

※进取创新的意义和作用

※怎样才能做到进取创新

这是一个不赞赏墨守成规的时代，所有的一切时时刻刻都在变化，唯有创新是成功的源泉。在现代企业里，任何老板、任何一个企业，只有拥有了进取心和创新精神，才可以使企业保持活力，立于不败之地。一个员工只有拥有了进取创新精神，才会成为企业的核心员工，才会被领导委以重用。

第一节 什么是进取创新

进取是指努力向前，争取进步，主动去做应该做的事。做好份内的是责任，做好份外的是进取。对员工来说，工作有份内和份外之分，对于领导来说工作无份内和份外之分。如果你每天坚持做好份内和份外的事，你就会从自己的努力中获得经验的积累和知识的补充，同时还会增加个人的工作能力。

名言警句

无愧于有理性的人的生活，必须永远在进取中度过。

——［英］塞·约翰逊

上进心是人的唯一标志，不是上帝的，也不是动物的。

——［英］罗·勃朗宁

人类要在竞争中求生存，便要奋斗。

——孙中山

创新是指人为了一定的目的，遵循事物发展的规律，对事物的整体或其中某些部分进行变革，从而使其得以更新与发展的活动。创新能力指人在顺利完成以原来知识经验为基础的创建新事物的活动中表现出来的潜在的心理品质。创新能力具有综合独特性和结构优化性等特征。遗传素质是形成人类创新能力的生理基础和必要的物质前提，它潜在地决定着个体创新能力未来发展的类型、速度和水平；环境是人提高创新能力的重要条件，环境优劣影响着个体创新能力发展的速度和水平；实践是人创新能力形成的唯一途径，也是检验创新能力水平和创新活动的尺度标准。创新的本质是进取，是不做复制者，是推动人类文明的激情。创新就要淘汰旧观念、旧技术、旧体制，培育新观念、新技术、新体制。

中国留学生学习成绩往往比一起学习的美国学生好得多，然而十年以后，科研成果却比人家少得多，原因就在于美国学生思维活跃，动手能力和创造精神强。

名言警句

对于创新来说，方法就是新的世界，最重要的不是知识，而是思路。

——郎加明

创新，可以从需求的角度而不是从供给的角度给它下定义为：改变消费者从资源中获得的价值和满足。

——［美］彼得·德鲁克

不创新，就死亡。

——［美］李·艾柯卡

创新应当是企业家的主要特征，企业家不是投机商，也不是只知道赚钱、存钱的守财奴，而应该是一个大胆创新敢于冒险，善于开拓的创造型人才。

——［奥地利］约瑟夫·熊彼特

第二节 进取创新的意义

1、进取创新会增强个人能力

有进取精神的员工，心中不仅装着自己的工作职责，还装着部门或公司的工作目标。为了达到这一目标，他们会做出远远超出自身职责范围之内的贡献，并因此获得更多的个人成长机会。作为职场中的员工不应该抱有"我必须为领导做什么"的想法，而应该多想想"我还能为领导做什么"。

如果你对工作能够多一份进取心，在做好本职工作的同时，尽自己所能每天多做一些份外的事，做一些对别人和对工作有益的事，那你就会比别人获得更多成功的机会。

优秀而卓越的员工在优质高效地做完自己的本职工作之后，总能自觉地协助同事和老板做好属于团队、属于公司的工作。他们总能跟老板或跟同事结成一个团队，抱定一个目标，坚守一个信念。为此，在他们的心目中，所有的工作都是自己或都是与自己有关的。正是这种姿态成就了他们奋斗拼搏的进取心和不断高涨的积极性。

蒂尔是一家公司的秘书，她的工作就是整理、撰写和打印材料。很多人认为她的工作单调而乏味，但她并不这样认为，她觉得自己的工作很好。她说："检验工作的标准不是你做得好不好，而是你是否可以发现别人没有发现的工作中的缺憾。"

她每天认真仔细地做着这些工作，做久了，她发现公司的文件中存在着很多问题，甚至公司的一些经营运作也存在着问题。

于是，她除了做每天必做的工作之外，还细心地搜集一些资料，甚至是过期的资料。她还查询了很多有关经营方面的书籍，把这些资料整理分类，然后进行分析，写出建议。她把打印好的分析结果和有关证明资料一并交给老板。老板读了她的这份建议，感到非常吃惊，一位年轻的秘书，居然有这样缜密的心思，而且分析得井井有条、细致入微。老板很欣慰，他觉得这样的员工是公司里不可多得的人才，也是公司的骄傲。后来，蒂尔的很多建议都被公司采纳了。

当然，蒂尔很快得到了老板的重用，得到了晋升。她觉得她只比正常的工作多做了一点点，但是老板却觉得她为公司做了卓越的贡献。

现在，很多员工都把老板放在了与自己对立的位置上，他们把工作与酬劳算计得清清楚楚、明明白白，多一点儿事情都不愿意去做，或者说做了就要求有回报。他们不认为多做些工作还会为自己带来什么。

如果你是一名货运管理员，也许可以在发货清单上发现一个与自己职责无关的未被发现的错误；如果你是一个过磅员，也许可以质疑并纠正磅秤的刻度错误，以免公司遭到损失；如果你是一名邮递员，除了保证信件及时准确到达外，还可以做一些超出职责范围的事情……这些可能是你工作职责以外的小事，但是如果你做了，就等于在积极进取中播下了成功的种子。

2、创新能创造奇迹

创造力本身不是奇迹，人人都具备。但大多数人由于受传统思维的束缚，形成了一种固有的思维模式，因循守旧，缺乏创新意识，这样自然不会有好的结果。打破常规，不按常理出牌，突破传统思维的束缚，哪怕一个小小的突破，也会产生非凡的效果。

日本东芝电气公司1952年时积压了大量电扇卖不出去，公司员工对此一筹莫展。有一天，一个小职员向董事长提出改善电扇的颜色。在当时全世界的电扇都是黑的，东芝公司也不例外。这一建议被公司采纳，随后推出的电扇大受客户欢迎。从此，在日本以及全世界，电扇就不再是统一的黑色了。

突破思维方式，进行创新思考，这将是你成功的法宝。

3、创新是最有效的竞争力

微软公司是一个注重创造性，又特别注重工作效率的公司。它需要的人，除了具备基本的软件知识以外，还必须具有丰富的想象力、高超的创造力，因为自由创造就是微软的企业精神。一个企业要想保持竞争力，保持先进的科技水平，必须要不断创新，不断超越自我。

西方企业界流行这样一句话："不创新，即死亡"，中国则有一句："穷则变，变则通"。事实上，这是一条永恒不变的真理，尤其是当我们生活在一个必须依靠创意才能生存的时代，企业的竞争从根本上演变为头脑的竞争。

既然如此，企业的创新能力又从何而来？它既不是从天上掉下来的，也不是头脑中固有的，而是靠每一位员工的努力得来的。

有人会这样嘀咕："我只是个普通的员工，能创出什么新意？创新是专家和专业人员的事情。" 错！技术人员、专家型人才的思维，也会受到相关因素的限制。一个奇妙的想法，甚至一个荒唐的想法，都可能成为自主创新的"闪光点"，甚至可能启发自主创新的奇妙构思。一个企业，如果只是专业的技术人员搞创新，只是专家型人才搞创新，可能也能出成果，但绝对没有全员参加的自主创新红火。自主创新，是专家的事，也是专业人才的事，更是全体员工的事。

所以说，员工不是企业创新的局外人，而是主力军。创新不仅影响企业的快速发展，也影响到员工自身的成长发展。因为一个充满智慧、勤于思考的员工，才不会在激烈的竞争中被淘汰，才能得到企业最大限度的重用。

4、没有创新就没有发展

创新是一种态度，这种态度让你拥有无数的梦想，让你渴望自己的生活截然不同。在众多企业家的成长历程中，我们发现是创新引领他们走向成功。创新有大有小，内容和形式也可以各不相同。在21世纪的今天，创新活动已经深入到我们每一个人的生活、工作、学习之中。谁抓住创新思想，谁就会成为职场上的赢家。

有一家牙膏公司，产品有很高的市场占有率，可最近几年出现产品销售增长缓慢的现象。为改变现状，公司做了很多改善仍不见起色。这时有一员工提出将牙膏开口增大1mm，结果使公司营业额在下一年增加了32%。

一个小小的改善，有时却会产生意想不到的效果；一个小变化也许不起眼，但成千上万个小变化就会得到出乎意料的结果，企业才可以获得长久的发展。

5、创新精神对民族发展的意义

（1）有利于提升竞争力。一个民族的创新精神越强，在国际上的竞争力就越强。这一点或许一时不太明显，但长远上必定如此。

（2）有利于科技、社会的发展。一个缺乏创新精神的民族，在科技上不会有多大作为。西方发达国家利用创新精神首先在科技上取得巨大的发展，而后带动了整个社会的发展。

（3）有利于提升国民素质。创新活动能提升民众的思考能力和进取精神，对于提升国民素质十分有利。

（4）有利于提升民众的生活水准。创新活动本身就是一种高级的娱乐活动，既能给人带来巨大的快乐，又有利于科技、社会的发展，对于提升生活质量也有利。

中国目前在国际分工中是一个初级工业品制造加工国，这类国家主要是给国际市场提供资源类和简单的机械加工类产品。在与外国的贸易交往中，这类国家往往需要付出大量有形的实物资源来换取发达国家的知识和技术产品。而物质产品需要消耗本国实实在在的物质资源以及生态环境。如果中国长期陷入这样一种国际分工角色，那么本国的矿产资源和生态环境很快便会消耗殆尽。最终世界将出现这样一种局面：以知识换实物的发达国家将生活在清山绿水的环境中，而以实物换知识的国家最终将资源枯竭、环境破坏、发展难以持续。

这种国际分工目前已经达到何种程度？看看航空业就清楚了。整个中国民航使用的全是外国飞机，一个行业被外部产品所垄断。这种国际分工还在继续，如果中国不改变发展战略，过不了多久，很多领域都可能出现严重的分化。

举一个数字更加直观，2012年，美国的GDP已达到15.7万亿美元，但是，美国的年钢铁生产量从来没有超过1.5亿吨。而我们国家，目前的GDP只有8.3万亿美元，而每年消耗的钢铁量已经超过了6亿吨。至于煤炭、水泥、木材、铜、铝等重要资源的消耗量都已达到占世界总消耗量1/3的程度。所以我国现在倡导自主创新，发展国内企业，改变国际分工格局。

第三节 怎样做到进取创新

1、衡量创新精神的主要指标

（1）创新能力

一个人的思维能力越强，知识面越广，其创新能力就越强。当然，一个接受过创新教育的人，其创新能力要比普通人强得多。

（2）创新速度

创新的速度越快，越能在激烈的竞争中取胜，反之，创新的速度越慢，竞争力越弱，对企业的发展十分不利。企业推出新产品的速度越快，其竞争力就越强。

（3）创新效益

创新既有成功，也有失败和挫折，我们只能在大力创新的基础上尽量减少失败，并争取获得较高的效益。

进取和创新是每个人、每个企业、每个国家或民族必不可少的，是永恒的主题！

2、怎样做到进取创新

（1）必须具备进取创新的能力

工作中我们必须具备进取创新的精神和能力。主动做好自己的本职工作，这只是具备了进取精神。工作中要具备创新能力，必须具备：①与工作相关的知识。创新是以创造性为主，必须具备相关知识。很难想象一个不懂机械加工的人，可以想出加工中的新想法，即使有也是空谈假想。②学习新知识的能力。一个人只有不断学习新知识，做到举一反三，才能在工作中提出新的想法。③运用知识的综合能力。知识是死的，如何将死的知识转化为有用的东西，是人们在创新中必备的能力。具备了相关知识，将知识运用到工作中，学以致用才是学习知识的准则。在知识经济的今天，如果没有运用知识的综合能力，我们学到的知识就没有意义。

（2）有想法立即付诸行动

现在是一个竞争激烈的社会，成功的机会转瞬即逝。工作中你只有果断地采取行动，不断超越现状，才会成为工作中的强者，才可以成功。现代职场上没有什么比毫无意义地浪费大量的宝贵时间更害人的。办事拖拉的人总是花许多时间考虑要做的事，寻找种种借口推迟行动，结果却又懊悔自己没有完成工作。"坐而言不如起而行"，不管你做什么事都要抓住工作实质，当机立断采取行动。行动，只有行动，才能把想法变成现实，才能把理想的鲜花兑换成现实的果实。

（3）善于思考创新的点子

一个人不断变革创新，就会充满青春活力；否则，就会变得僵化。在这个世界上，勤奋的人不计其数，但在事业上获得成功的人寥寥无几，那是因为不是每个人都有正确的思维方式和创新的思考。假如善于用脑，努力去做，你就会发现，希望就在面前。对工作中出现的问题要能够勇敢面对，提出可能的原因和解决的办法，并运用联想方法，多层次、多方向的思维，从不同的角度出发，采取不同的处理问题的策略，多一些创新的点子，为自己的工作和发展打下坚实的基础。

（4）打破常规，不被传统观念所约束

保守固执不是创新人才的特征，尤其在快速发展的今天，创新更是日新月异。只有积极进取、勇于创新的人，才敢于放弃许多现存的东西，从而寻求更新、更独特的解决问题的途径。敢于创新者首先是一个勇士，他们要面对人们的误解，勇敢承受创新过程中失败所带来的痛苦。其次，敢于创新者是一个对世界和生活满怀热情的人。最后，敢于创新的人应该是一个乐观者。

课堂练习

1）每天打扫宿舍卫生时，做好个人卫生是职责，主动帮助别人打扫卫生是进取。谈一下日常生活中我们应该如何做。

2）大家讨论：例如用废旧铁管改成拖把杆，并用废旧衣服制作拖把，在我们学习和实习现场，你认为还有什么地方是可以改善的？

3）平时学习、生活中有许多可以改善的地方，大家说出我们有哪些可以改善的方法（用脑力激荡）？

课后作业

工作中离不开进取和创新，我们在学习、生活中应该如何做才可以做到进取创新？以"学习中的我们应该这样做"为题写一篇心得体会。

敬 业 感 恩

通过学习，了解敬业感恩的基本含义，自觉养成一种敬业、知恩、感恩的习惯。

※什么是敬业感恩

※为什么要敬业感恩

※怎样才能做到敬业感恩

成功的第一步就是先存有一颗感恩的心,时刻对自己的现状心存感激,同时也要对别人为你所做的一切心怀敬意和感恩之情。

一个懂得感恩的人,一定是一个具有良好素养的人,一个真诚待人的人。如果一个下属不懂得感恩,就不值得领导提携;如果一个员工不懂得感恩,就不值得老板重用;如果一个孩子不懂得感恩,就是家庭教育的失败。感恩是一种做人的品德,更是获得能量与能力的途径。

第一节 敬业感恩概述

敬业是一个人对待工作的态度,也是事业成功的法宝。敬业就是用一种严肃认真的态度对待自己的工作,真正认识到自己工作的意义,在知足感恩中把工作做为一种责任、一项事业。感恩是个人对个人、个人对集体、集体对集体相互责任的表现,是需要行动来证实的,并非是一句空洞的语言。感恩是一种美德,是一种态度,是一种信念,是一种情怀,同时也是人生的一种使命。

任何事物都是上天赐予我们的礼物,有了这些礼物,我们由衷地感觉到:活着是一种愉悦生命的体验。在我们的生命里,还有着更美好更实际的馈赠,那就是工作。

对于一个人来说,养成了糊弄的恶习后,定会轻视自己的工作,甚至轻视人生的意义。粗略的工作会造成粗略的生活。工作是人们生活的一部分,敷衍自己的工作,不但会降低工作的效率,而且会使人丧失做事的才能,这样的人在工作中当然不会成为优秀的员工,在生活上不会成为受他人尊重和欢迎的人,也不是一个能担得起生活负担和敢于承担责任的人。

中华民族历来有敬业乐群、忠于职守的传统,孔子就主张"执事敬""事思敬""修己以敬",就是说人在一生中始终要勤奋、刻苦,为事业尽心尽力。敬业的人一定是个热爱工作的人。一个人,一旦爱上了自己的职业,他的身心就会融合在职业工作中。我们要敬业，敬业是激情工作的助推力，有了敬业精神，就能在平凡的岗位上，做出不平凡的事业。

职场中提升最快的是那些工作认真、踏实肯干的人。我们在工作中会发现许多不顺利的人，他们一个个都有满腹的抱怨和牢骚，并且因为对工作的抱怨而自暴自弃、得过且过。事实上，他们面临的事业的处境是自己一手造成的。如果不想失业就请珍惜你手中的工作，并且怀着一颗感恩的心努力去建造自己的事业吧。

无论你取得多么大的成就，都要培养自己的感恩之心、回报之心，多念鱼水情，常怀感恩心。在这个世界上有许多地方需要我们感恩。首先我们感恩父母，是父母给予了我们生命，并不辞辛苦，将我们哺育成长；感恩师长给予我们知识；感恩朋友送来真诚的友谊；感谢领导和同事给予支持和帮助，同时要更加努力地工作，来回报他们！

用感恩的心做人，用忠诚的心干事，敬业爱岗是员工忠诚职业的重要体现。"滴水之恩，当涌泉相报"的古训、"吃水不忘挖井人"的格言和"羊羔跪乳、乌鸦反哺"的故事给予我们启发，我们要懂得感恩。不要将拥有的一切都视之为理所当然，对公司要有一颗感恩的心。感恩企业给我们创造了一个良好的工作、生活、学习的环境，给我们提供了优厚的待遇和物质生活的保障，更为我们构建了一个展现自我价值的平台，让我们可以全身心地投入到自己的工作当中，感受到工作的充实，生活的快乐。

当然，真正的感恩应该是真诚的，而不是为了某种目的而迎合他人。时常怀有感恩之心，你就会变得更谦和、可敬且高尚。每天都用几分钟时间，为自己能有幸成为公司的职员而感恩，为自己能遇到这样一个老板而感恩，以特别的方式表达你的感谢之意，付出你的时间和精力，为公司更加勤奋地工作，这比物质的礼物更可贵。

对工作心怀感激，并不仅仅有利于公司和老板，感激能带来更多有价值的事情。这是一条永恒的法则。请相信，努力工作一定会给你带来更多更好的工作机会和成功机会。感恩是一种深刻的生命体验，能够增强个人魅力，开启神奇力量之门，发掘出无穷的能量。感恩也像其他受人欢迎的特质一样，是一种值得大力提倡的习惯和态度。

第二节 为什么要敬业感恩

每年11月第四个星期四是西方一些国家的"感恩节"。"感恩"二字，牛津字典给的定义是"乐于把得到好处的感激呈现出来且回馈他人"。所谓感恩，其实就是一种对恩惠心存感激的表示，是每一位不忘他人恩情的人萦绕心间的情感。

人为什么要感恩？原因很简单，因为我们生活在这个世界上，需要相互搀扶。我们的父母、老师、同学、同事、朋友……以至山山水水、花鸟鱼虫等世间万物都对我们有恩！俗话说："恩欲报，怨欲忘，报怨短，报恩长。"是的，在这人世间，我们要感恩的人太多太多，感恩之路太长太长。我们感恩父母，因为父母带给我们生命，给我们一个坚实而温馨的避风港；我们感恩老师，因为老师用知识的蜡炬点亮我们理想的火炬；我们感恩同事，因为如果没有同事们的相互帮助与支撑，你纵有天大的本事，也孤掌难鸣；我们感恩朋友，因为朋友带给我们真挚的友情，在生活学习中给予我们真诚的关心和鼓舞……《诗经》里珍珠般的言辞"投我以木桃，报之以琼瑶""滴水之恩，涌泉相报""谁言寸草心，报得三春晖"等，都是中华民族儿女发自肺腑的感恩之声。

对于一个懂得感恩的员工来说，我们不仅要把工作当成一种职业，更要把它当成一种事业。如果你只把工作当成一件差事，或者只把目光停留在工作的本身，那么即使从事你最喜欢的工作，也无法持久地充满激情地工作。但如果你把工作当成一项事业，情况就完全不同了。

为事业而工作，我们就不会成为工作的奴隶，工作就成为一种兴趣，一种生命内在的需要，一个展示智慧和才华的舞台。这样才能体会到工作的快乐，也是人生幸福之所在。所以当你把工作当作是一种快乐的事业时，生活就会变得很美好；而把工作看成一种苦涩的任务时，生活就会变成一种奴役。

一位著名的企业家说过这样一段话：我的员工是既可悲又可怜，是一些只想获得薪水，而对其他一无所知的人。同样的一件事，对于工作等于事业的人来说，意味着执着追求、力求完美；而对于工作等于任务的人而言，意味着出于无奈，不得已而为之。

《三国演义》中，吴蜀联盟，赤壁一战，大挫曹军，草船借箭，火烧连营。曹操从华容道仓皇逃跑，半路上遇到关羽来擒。关羽虽已立下军令状，但念其旧日恩情，便放了曹操。关羽义薄云天，因为他懂得感恩。

钱学森在美国留学，学成后坚持要回到祖国，报效祖国。美方千方百计地挽留他，用优厚的待遇诱惑他，最后甚至使用暴力，但这丝毫没有动摇他回国的决心。最后，他终于回到了魂牵梦绕的祖国，并为祖国的航天事业和国防事业作出了突出贡献，荣获"两弹一星"勋章。钱学森义无反顾，因为他懂得感恩。

职业就是事业！这应当是我们永远坚持的人生观和价值观，这样才会全身心地投入到我们的工作中和事业中，工作才有激情，事业才能发展。有句话说得好：今天的成就是由昨天的积累而来的，而明天的成功则依赖于今天的努力。把工作和自己的职业生涯联系起来，对公司为自己提供的锻炼机会心存感恩，你就会感谢工作中的压力和单调，就会相信自己所从事的是一份有价值、有意义的工作，并且从中感受到工作的使命感和成就感。不爱岗就会下岗，不敬业就会失业！爱岗敬业说的具体点就是要做好本职工作，把一分一秒的时间抓牢，把一点一滴的小事做好。搞好每一项维修，做好每一次巡检，算准每一个数据，填好每一张记录，写好每一份报表。古人云："不积跬步，无以至千里；不积小流，无以成江海。"从现在做起，从小事做起，从我做起，这就是爱岗，这就是敬业！

第三节 怎样才能做到敬业感恩

要做到敬业，首先就必须做到：乐业、勤业、精业。

乐业是敬业的基础，如果从业人员对自己的职业没有正确的认知，没有认识到自己职业的意义，就不会有献身精神和忠实于本职工作的敬业意识，更谈不上干一行爱一行的爱岗敬业精神。简单地说，我们要有强烈的责任心，责任心来自对企业的爱，对岗位职责的专门理解，对自我人格尊严的珍惜。所以，我们要树立职业理想、高度的责任感，以及高度的事业心和建功立业的人生目标。

勤业是敬业的本质，要求从业人员要脚踏实地、勤勤恳恳、尽心尽职地做好本职工作，具体来说：

（1）要有旺盛的创新力。创新是企业成长发展的引擎。今天是最好的，明天就不见得是最好的。不要满足现状，要随时保持警惕，不断寻求更好的方法。创新不一定是大规模的，只要是日常工作中的不合理现象，比如浪费工时、浪费材料、产品异常、操作困难等，想办法消除，就可以起到节约费用、提高效益的成效。所有这些，都为企业成长引擎永续运转起到了积极的推动作用。

（2）要全身心投入。爱情需要忘我的投入，工作也需要，只有全心全意地投入到我们所热爱的工作中，才能发挥出个人的潜能，把工作做好。无论是做销售、做服务，还是技术研发，心猿意马、混日子是做不好本职工作的，更谈不上敬业爱岗。全身心地投入到工作中，才会取得骄人的成绩，一步步走向成功。

精业是敬业的表现，要求从业人员要精通业务、慎密考虑，具备扎实的岗位基本功。现代社会的每一个职员都是一项专门的活动主体，都具有较强的专业性。有哲学家说过：差之毫厘，谬之千里。真理和谬论往往只有一步之遥。相信大家都有过这样的体验，一个错误的数据可以导致生产线停产，一个错误的符号可以使几个通宵的心血白费，错误的材料可以使若干年的努力泡汤，而在人生的紧要关头踏错一步，可以使一生的命运彻底随之改变。这就是细节的重要，这就是精业的力量。细节是成功的关键，精业是致胜的法宝，事事精业成就一生。同样，如果我们人人都精业，就能成就我们的事业繁荣兴旺的明天。

如何做到感恩呢？

（1）感恩父母

①感恩父母给予我们生命。

②感恩父母养育我们。

③感恩父母培育、教导我们。

（2）感恩公司

①感恩公司给予我们工作的机会。

②感恩公司给予我们稳定而有前景的职业。

③感恩公司的倾情奉献。

④感恩公司助我成长。

课后作业

你认为我们在日常生活和工作中应该如何做才算是拥有了敬业感恩的心态？并以"敬业感恩"为题写一篇心得体会。

乐 观 健 康

通过学习，能够以乐观健康的心态工作和生活，从而赢得众人的认可，以及提升自我价值。

※什么是乐观健康
※怎样才能做到乐观健康

面对嘲弄的打击，我们迷惘、无助、痛苦过，如何把自己从绝望中拯救出来？只有快乐面对才能摆脱所有困扰！保持快乐的心境去对待事情，才能赢得别人的认可和欢迎。怎样在自己活得快乐的同时让别人也能得到同样的快乐？所谓快乐，别人不能施舍给你，也偷不走你的快乐。要想拥有快乐，就要学会调整心态，以乐观豁达的心境对待生活中的点点滴滴。只有用心去面对，生活才会更加精彩和有意义。所以乐观是获取快乐的手段，只有乐观起来才会让我们的工作和学习充满开心，没有烦恼。在现实生活中，哀叹自己贫穷的人很多：有的叹自己金钱贫穷，有的叹相貌贫穷，诸如此类。我们总是期待得到那些我们没有的财富，觉得没有那些就不快乐，然而却忽视我们本身所拥有的和可创造的财富。殊不知，我们拥有的那些往往是生命中最宝贵的。明白了这些你就会发现，原来自己是个富有的人。新时代谈论最多的话题肯定是健康，没有健康的身体，你又拿什么来享受这些快乐呢？俗话说，笑一笑十年少，这说明了要有好的心态才是有好身体的本钱。开心是一天，不开心也是一天，何不每天都保持一个好的心态去面对身边的每一件事呢？既能享受生活带来的点滴快乐，又能有利于身体健康，不是一举两得吗？

哈利斯说：上帝绝不严肃古板，否则它不会赐给我们一项意外的礼物——笑的本能，亦即快乐与追寻快乐的本能。

第一节 对乐观健康的理解

乐观是人们对待生活的一种态度。健康是人们自身的一种身体素质。乐观健康是人们对待生活、对待工作的一种积极向上的态度。

就乐观外在的表现来说，它是用笑容代替你内心的一种生活方式，笑容不仅是对别人的犒赏，还是给自己最好的礼物。健康就是有一个好的体质，有一个好的思想、健康的思想。

乐观者与悲观者的争论：

（1）希望是什么？

悲观者说：是地平线，就算看得到，也永远走不到。

乐观者说：是启明星，能告诉人们曙光就在前头。

（2）风是什么？

悲观者说：是浪的帮凶，能把你埋葬在大海深处。

乐观者说：是帆的伙伴，能把你送到胜利的彼岸。

（3）大树是什么？

悲观者说：是万恶的火源，尽管它可以让你纳凉休闲，但只要一个烟头，它便可以成为火蛇。

乐观者说：是人类的朋友，你为何偏偏在绿树成林中，扔下没有熄灭的罪恶烟头。

那么，为什么要做一个对待什么都乐观健康的人呢？做一个乐观健康的人，具有的五大好处。

1、医疗情感的创伤，快乐是最好的良药

在所有的不幸当中，情感的伤害对人的打击或许是最大的。面对人生路上情感的失意，我们的心中充满了失落和悲伤。用什么办法才能抚慰好心灵的伤口呢？快乐便是一剂最好的良药。每个人都是命运的主宰，快乐不快乐全在自己的掌握之中。如果一个人心态积极，乐观地面对人生，愉快地接受挑战和应对麻烦，那他就已经成功了一半。

奈思比特曾经说过，快乐的微笑是保持生命健康的唯一药剂，它的价值是千百万，但却不要花费一分钱。修身养性、美容保健，无不需要源源不断的经济支援，唯独快乐除外。人是一种很奇怪的动物，总对廉价的东西持怀疑态度，认为便宜的东西其价值是不可靠的。倘若我们对奈思比特不能认同，那么杰弗逊就该使我们欣以为然了。杰弗逊说，快乐使身体无病，心灵无忧。

2、抛开烦恼和忧愁，让家庭充满欢乐

每个人都渴望有一个幸福美满的家庭。用快乐去驱散家庭中诸多伤感烦恼的琐事是最好和最有效的办法。一个时刻充满快乐的家庭，是用多少金钱都买不到的。享受快乐时光，即使再清贫的生活也会变得甜美无比。

3、卸下工作压力，给自己的心灵放个假

现代社会的商业竞争日益加剧，经济的繁荣也使得人们的工作日益繁多。面对强大的工作压力，总有一种被鞭子赶着走的感觉；想到没有预期的明天，就会陷入失落的海洋。我们为何不在繁忙的工作之余，让快乐给自己带来一丝轻松呢？生活中，失败平庸者多，主要是心态有问题。遇到困难，平庸者总是挑选容易倒退之路，总是想着"我不行，我还是退缩吧"，结果失败了。成功者遇到困难一般会以积极的心态告诉自己："我能，我一定能成功"，"一定有办法"等，以积极的意念鼓励自己，想尽办法不断前进直到成功。爱迪生在几千次失败的实验面前也决不退缩，终于发明了照亮世界的电灯。

4、远离身心疲惫，让快乐如影随形

有人过分追求名利，得不到满足便烦恼；有人性情多疑，老是无端地觉得其他人在背后说自己的坏话；有人嫉妒心重，别人得到的成功超过自己心里就难过。其实，只要你掌握使自己快乐的秘方，一切就会变得轻松起来。

5、放下就是轻松，快乐其实很简单

人生就是一个大舞台，每个人都要面对着生存和发展的压力，都要在生活中扮演各种角色。也许此刻的你已经感觉到有些累了，经常是心力交瘁、身心疲惫。这时候，你不妨放下心灵的包袱，活出快乐和潇洒的真滋味来。

由此我们可以看出，我们怎样对待生活，生活就怎样对待我们；我们怎样对待别人，别人就怎样对待我们；我们在一项任务刚开始时的心态就决定了最后将有多大的成功，这比任何因素都重要。

人们在重要组织中地位越高，就越能找到最佳的心态。我们的环境：心理

的、感情的、精神的，完全由我们自己的态度来创造。

第二节 怎样才能做到乐观健康

当今社会，激烈的竞争、物质的诱惑，无时无刻不在扰动着我们的心灵。亲人的意外离开、工作中的种种不如意、夫妻间的矛盾、孩子的不懂事，经常会让那颗脆弱的心疲惫不堪。我们常常感到一种忧愁、焦躁、不安和愤怒，内心深处沉淀着恐惧、内疚、悔恨、自责和绝望，形成一种控制自我的巨大力量，左右着我们的选择。

图7 心态乐观益健康

那么我们要以一个什么样的乐观健康的态度去面对这些困难呢？

当我们面对困难的时候不应该去逃避它，而应该勇敢地去面对它、挑战它、想办法攻克它。你不敢正视困难，那么这个困难就会一直困扰着你，你会每天想着这些困难，想着它的恐怖而害怕它。这样它就会一直影响你的心情，你就会每天不高兴，工作没有精神，做事不能得到领导的认可，还要被领导批评，心情反而会更坏。久而久之，在这么多的压力下，你会越来越受不了这种环境，到了最后你的身体就会被这些压力压倒。如果你有一种迎难而上的精神，面对再困难的事都能正视它，直到把它克服，你就会感到一阵轻松。所以我们在面对问题的时候，都要有迎难而上的精神。

就人类来说，创造更多的物质财富，是人类进步的动力，民族强大的基础；对个人而言，爱财、取财也是发展自身、完善自我的一个重要条件。对于如何致富，还是那句名言："君子爱财，取之有道"。

致富或者取财的方法自然有很多种，有巧取、有豪夺、有欺骗、有敲诈，甚至还有杀人越货的，这些多为不义之财，或者叫做取之不"道"。由此看来，在古人那里，由于法律的不完善或者过于宽泛，则采用"道"来约束人们的行为。取之有道的"道"，主要是指道德、良心，关乎他人和社会的责任。而进入市场经济时代，这"道"主要是指法律、规章等条文形式的权利、义务性规定，或者在许多人的理解中，凡是不违背法律规定的取财手段，都是合乎"道"的，是无可指责的。

显然，"君子爱财，取之有道"，本身包含两种含义：一是有形之道，一是无形之道。所谓有形之道即法律、规范。由于在现代社会，人们经济活动范围广泛、内容丰富，法律尽量详细地规定人们在经济活动中可以做什么、不可以做什么。许多人因此就认为，只要法律未明确禁止的行为，就是合乎"道"的行为。但法律不可能在时间上完全及时、在空间上充分全面地界定人们的一切行为，难免有疏漏之处，于是钻法律空白者就理直气壮。然而，尽管经济活动的某些方面没有详细的规范性法律条文，但大的原则早已有法可依，如交易中的公平、公正、公开的原则，不得损害第三方的利益原则等。古人也讲究公平交易，童叟无欺。

所谓无形之道即道德、良心。"取之有道"，应该是既讲合法取财，又能以德取财，或兼顾社会责任，这样得来的财富就更能源源不断、流之远久。当然，肯定有人说，凭道德、良心取财是否符合"道"的标准，未免太空泛了，也没有强制的约束力。不过现实生活中总有一些联结有形和无形的东西，譬如诚信制度，就堵住了某些人想钻无形之道或者有形之道的空子的部分漏洞。如果某些人的不良（不诚信）行为尚无具体法律条文去处罚他，但他也会因自己的不良记录而在今后的经济、政治甚至消费等活动中受到限制，那么道德这个无形的"道"也就发挥了巨大的作用。当然，同时也需要社会秩序的维护者能及时制订出更多的合乎公平和效率的"道"出来，让人们在"有形之道和无形之道"中去发挥自己的能力和才智，这样我们的社会和个人都能在良好的秩序中健康地向前发展。

因此，"君子爱财，取之有道"，"道"，可以理解为一条正确的适合社会公共利益准则和行为规范的路，一条指导自己人生宏观运行轨迹的路。

课后作业

你认为我们在日常生活和工作中应该如何做，才算是拥有了乐观健康的心态？并以"乐观健康"为题写一篇心得体会。

附：某集团厂纪厂规（节选）

一、总则

1. 为鼓励员工积极性及创造性，加强员工的自觉性及纪律性，维护公司正常生产经营秩序，提高工作效率，保障公司健康、稳定、持续、快速发展，根据《劳动法》、《劳动合同法》、《劳动合同法实施条例》和省、市有关规定，结合本公司实际情况特制订本厂纪厂规。

2. 本厂纪厂规适用于集团所属各厂各公司全体员工。

3. 凡本公司人员不论性别、种族、职级、宗教信仰等，均受公司所有政策同等对待，人人均负担同等义务，享有同样权利，人人平等，不得受到歧视。公司应维护和改善员工的合法权益，同时要求员工有以厂为家的精神，维护公司的利益；对损害公司利益的行为给予相应的罚处，对维护公司利益及善行义举突出者给予相应的奖励。

4. 员工对公司作出的奖罚决定有意见者，要依法定途径进行申诉。员工应当在公司做出奖罚决定后三天内，书面向管理部门提出申诉意见。未提出书面意见或逾期申诉者，即为自愿放弃申诉权利。

5. 本厂纪厂规经工会和员工代表通过，工会和员工代表要对本厂纪厂规执行情况进行监督。

二、基本素养

6. 全厂员工自觉普及并严格执行"6S"工作要求：整理、整顿、清扫、清洁、素养、安全。

7. 员工自觉养成讲卫生、崇文明的基本品德。尊敬领导，尊重同事，遇到领导同事互相致好，认真参与日常礼义教育。

8. 同事之间应相互帮助，共同进步。领导要体恤下属，建立友善、融洽的人际关系。

三、奖励类别

9. 员工的奖励分以下五种：

a.晋职加薪。

b.大功：每次加发9天工资并于当月核发工资时一并发放，年度考绩加5.4分。同年度内累计大功2次者，给予加薪。

c.小功：每次加发3天工资并于当月核发工资时一并发放，年度考绩加1.8分。小功3次换算为大功1次。

d.嘉奖：每次加发1天工资并于当月核发工资时一并发放，年度考绩加0.6分。嘉奖3次换算为小功1次。

e.奖金：一次给予若干奖金。

10. 有下列情形之一者，给予嘉奖：

a.品性端正、工作努力，能适时完成重大或特殊交办事务；

b.拾金不昧；

c.热心服务且有具体事实；

d.有显著的善行佳话，足为公司荣誉；

e.在艰苦条件下工作，足为楷模。

11. 有下列情形之一者，给予小功奖励：

a.对生产技术或管理制度建议改进，经采纳施行，卓有成效；

b.节省原料、物料或对废料利用卓有成效；

c.对于舞弊或有危害本公司权益的事情，能事先举报或防止，而使公司减免损失；

d.发现职责外的故障，予以速报或妥善处理防止损害。

12. 有下列情形之一者，给予大功奖励：

a.遇非常变故，临机应付措施得当，或奋勇救护保全人命及公物；

b.维护员工安全，冒险执行任务，确有功绩；

c.维护公司重大利益，避免重大损失；

d.有其他重大功绩。

13.有下列情形之一者，发放奖金或晋职加薪：

a.研究发明（如改善生产设备），对公司确有贡献，并使成本降低，利润增加；

b.预防机件故障或抢修工程提早完成，因而增加生产；

c.领导有方，使业务发展而有相当收获；

d.对公司有特殊贡献，足为全公司表率；

e.一年内大功二次；

f.服务每满5年，累计6次A等且无C等及以下等级考绩，未受任何处分。

四、罚处类别

14.员工的罚处分为五种：

a.开除：开除者不经预告且永不录用，不须支付任何经济补偿金；造成公司或他人损失者，仍须赔偿。情节严重者，移送法办。

b.大过：每次减发9天工资并于当月核发工资时一并减发，年度考绩扣5.4分。同年度内累计大过3次者应予开除。

c.小过：每次减发3天工资并于当月核发工资时一并减发，年度考绩扣1.8分。小过3次换算为大过1次。

d.申诫：每次减发1天工资并于当月核发工资时一并减发，年度考绩扣0.6分。申诫3次换算为小过1次。

e.警告：警告一次，扣罚款10元，年度考绩扣0.2分。警告3次换算为申诫1次。

五、行为规范

15.广场上不可吃任何食物，违者警告一次。

16.茶杯、雨伞、车辆、货物等放置于规定地点，违者警告一次。

17.未经管理部许可，任何员工不得换穿贵宾鞋、来宾鞋，违者警告一次。

18.不得穿鞋踩于桌椅及坐于桌上，违者警告一次。

19.任何人员不得在厂区骑单车，进出厂区须下车。厂区内行驶机动车辆，禁止鸣笛，车速不得超过10km/h，违者申诫一次。在厂区内违法驾驶机动车辆（如无证驾驶、酒后驾驶、超速驾驶等），造成公司财产损失及人身伤害事故者，予以开除。

20.工鞋、便鞋按规定地点放置，定期清洁工鞋及鞋柜，违者警告一次。进入鞋柜区域须脱鞋（包括工鞋）并按规定方向进入，不得穿便鞋进入规定瓷砖通道，不得穿工鞋进入职场外区域，进入洗手间须换鞋并摆放整齐。违者警告一次。

21.不得随地吐痰、吐口水、乱丢垃圾及踩踏、攀折花草树木，违者申诫一次。屡劝不改者，记小过一次。不得蹲坐于花坛及广场上，违者警告一次。

22.饮水机的饮用水仅限员工饮用，严禁用其洗澡、洗头、洗衣、洗碗筷及其它物品等，违者申诫一次。

23.严禁将厂牌、工衣或公司其它证件借给他人使用，或借用他人厂牌或公司其它证件等，违者予以开除。

24.进出厂区或拿行李及物品外出，须接受保安检查，故意不接受检查强行外出者，予以开除。

25.未经安全室许可，所有人不得进入异性宿舍，违者予以开除。严禁男女厂区内行为有伤风化（例如搂抱、勾肩搭背等），违者记小过一次，并视当时情形酌情加重或减轻。

26.厂区内严禁酗酒、赌博、打架斗殴，违者予以开除。严禁食用槟榔，违者记大过一次。

27.严禁撕毁、涂改或破坏任何公司通知、公告或文件等，违者记大过一次。

28.不得对同事、主管或其家属及来访宾客实施威吓、恐吓、重大污辱或暴行，违者予以开除。不得辱骂同事或管理人员，违者申诫一次。

29.不得滥用职权、徇私舞弊、蓄意包庇、隐瞒真相、拉帮结派、造谣中伤、破坏团队组织气氛，违者予以开除。

30.未经总管理处许可，严禁在厂区内派发刊物、信息摘要或张贴标语，违者记小过一次。

31.不得张贴、散发或传播具有煽动性文字、图片等资讯，违者予以开除。

32.不得以公司名义招摇撞骗，对公司名誉造成不良影响者，予以开除。

33. 未经管理部许可，严禁以其它手段使非本公司员工进入厂区，违者予以开除。

34. 严禁仿效上级主管或同事签字、盗用上级主管或同事印信及伪造盗用公司印信，违者予以开除。

35. 不得触犯国家刑事法律或治安管理条例等法律法规，违者予以开除。

六、职场守则

36. 定期整理整顿、共同营造及维护和谐有序的职场环境。

37. 进入职场必须依规定正确穿着工衣及工鞋，正确佩戴厂证，缝好标识牌；男性不得留长发、染彩发、戴耳环、蓄胡须或剃光头。夏季时，夏工衣要扎腰，各部门女性办公室人员须统一穿着工裙。违者警告一次，并限期内改正；拒不改正者，将连续处罚。

38. 进入车间女性戴头巾，男性戴工帽。进入特殊区域须依规定着装，违者申诫一次，并立即改正；拒不改正者，将连续处罚。

39. 禁止携带食物或饮料进入工作职场，不得在职场存放或吃食物，违者申诫一次。

40. 不得在职场存放或翻阅与工作无关的报刊或书籍，上班时间不得嬉戏、闲聊、接拨私人电话、看发短信，违者申诫一次。不得玩手机游戏，违者记小过一次。

41. 上班不得打瞌睡，违者申诫一次。更不得至隐蔽场所蓄意睡觉，违者记大过一次，直接带班主管予以连带申诫一次。

42. 严禁酒后上岗工作，违者记大过一次。

43. 货运电梯严禁载人、超载，违者记小过一次。

44. 上班禁止收发私人电子邮件、玩电子游戏、上网或使用电子产品及周边设备做其它与工作无关之事，违者记小过一次。

45. 工作须依作业标准书、工作流程及公司规定作业，违者记小过一次，并视当时情形酌情加重或减轻。

46. 玩忽职守，工作失职，如超量生产、超量订原料、加工失误、损坏机台、严重客诉等情形，造成严重损失者，记大过一次，主管予以连带记小过一次，并视当时情形酌情加重或减轻。

47.未尽到管理人责任，导致经管的公司财物被盗或遗失者，记小过一次，并赔偿公司的损失，主管予以连带申诫一次，并视当时情形酌情加重或减轻。情节严重者予以开除，并赔偿公司的损失，主管予以连带记小过一次，并视当时情形酌情加重或减轻。

48.必须服从上级安排及指示，初犯者记大过一次，累犯者予以开除。严禁越级报告，违者申诫一次，并视当时情形酌情加重或减轻。

49.值岗工位，未经交接及直接带班主管同意，不得离开职场，违者记大过一次。因擅离岗位导致不良后果或损失者，予以开除。

50.未经部门主管许可，不得私自调换岗位，不得私自操作他人保管的机械、仪器、工具等，违者记小过一次，直接主管予以连带申诫一次。导致不良后果或损失者，责任人记大过一次，并须赔偿公司损失，直接主管予以连带记小过一次，课级部门主管予以连带申诫一次，并视当时情形酌情加重。

51.不得罢工或煽动他人罢工、聚众串联制造事端，经劝导仍不听从者，予以开除。部门内有以上事情而直接主管隐瞒不报或未及时上报或未积极处理推卸责任者，直接主管予以开除，课级部门主管记大过二次。

52.对工作中异常未向主管汇报，申诫一次；因此延误处理时机产生不良后果或导致损失的情形，记大过一次，并视当时情形酌情加重或减轻。

53.对异常现象作虚伪报告，或指使他人作伪证者，予以开除；主管应尽责调查，详细陈述调查经过，疏于追究事实，敷衍工作，而由上级主管查觉事实者，直接主管记大过一次，课级部门主管记小过一次。

54.对工作中异常经主管要求提出书面报告而拒绝提出者，初犯记大过一次，累犯者开除。

七、安全规范

55.各部门未尽安全生产管理职责，导致工伤事故发生，直接主管申诫一次，课级部门主管警告一次。

56.各部门未尽安全生产管理职责，导致安全事故发生，直接责任人记小过一次，情节严重者，记大过一次；直接主管、课级部门主管予以连带申诫一次，情节严重者，连带记小过一次，并视当时情形酌情加重或减轻。

57.发生安全事故、工伤事故知情隐瞒不报、谎报或未及时上报者，责任人记大过一次，视当时情形酌情加重。情节已构成犯罪者，依法追究刑事责任。

58.各部门未尽安全生产管理职责，导致事故发生，责任人及主管有下列行为之一者，予以开除；情节已构成犯罪者，依法追究刑事责任。

a.不立即组织抢救，袖手旁观；

b.在事故发生时擅离职守；

c.拒绝接受调查或者拒绝提供有关情况异常报告；

d.在事故调查中作虚伪证据或证言者。

59.未经管理部许可，不得携带如爆竹、刀械、易燃化学药品等危险物品、凶器等进入厂区或在厂区内存放管制危险物品，违者记大过一次。

60.不得擅自占用消防通道或占用、挪用其它消防设施，违者记小过一次，并视当时情形酌情加重。

61.严禁在厂区内燃放爆裂物，违者予以开除。

62.除设定的吸烟区外，厂区内其它场所禁止抽烟或使用明火，违者予以开除，情节严重者，将移送法办。

a.严禁携带香烟、火机及其它火种进入职场，违者记大过一次；

b.宿舍发现烟头，承认者记小过一次，无人承认时宿舍所有人员各记大过一次；

c.职场发现烟头，承认者记小过一次，无人承认时，主管记大过一次；

d.上班时间在厂区内吸烟者，其直接主管记小过一次，课级部门主管申诫一次。

63.严禁在厂区内饲养宠物，违者警告一次，限期内改正；由此导致流行性疾病者，予以开除。

64.严禁私自使用公司未配置的大功率电器，或在公司配置的大功率电器限制使用期内擅自使用，违者记小过一次。造成公司损失者，予以开除，并赔偿公司的损失。

八、职业道德

65.应聘时违反诚信原则而被公司发现者，予以开除。自行承认者，记大过一次。

66.未经总管理处许可，严禁任职期间从事第二职业或与公司竞争的职业，违者予以开除。

67.严禁在厂区内传销，违者予以开除。

68.严禁在厂区内从事以个人营利为目的的任何商业行为，违者记小过一次。

69.严禁为第三者从事与本公司竞争的职业提供经营中介，违者予以开除。

70.严禁利用职务权责影响供应商、协力厂商与公司交易的过程，严禁图谋不正当利益或令特定厂商图利，以及向公司的任何供应商、协力厂商要求礼金、报酬及馈赠等不正当利益，违者予以开除。

71.严禁为达到与供应商、协力厂商交易目的或谋取不正当利益，与供应商共同伪造或接受虚伪的询、比、议价及供应商、协助厂商稽查资料，以影响交易价格或达成交易目的，违者予以开除。

72.严禁在交易活动中以串谋的方式邀集其他人共同串标，或以泄漏底标方式影响公司交易价格或达成交易目的，违者予以开除。

73.未经总管理处许可，严禁个人独资、合资或家庭主要成员经营的公司行号作为公司的供应商、协力厂商或存在任何关联交易，违者予以开除。

74.严禁利用职务便利，为个人、家庭主要成员包揽中介与供应商、协助厂商发生经营活动，并收受中介费、回扣及礼金等不正当利益，违者予以开除。

75.严禁偷盗及故意损害他人及公司财物，严禁公营私利、挪用公款、贪占公司财物，违者予以开除。

76.严禁虚报出差、误餐、交际或其它费用，违者予以开除。

77. 严禁使用公司的通信设施、办公设备、交通工具等公共资源办理个人私事，违者记大过一次，并视当时情形酌情加重或减轻。造成公司损失者，须赔偿公司损失。

78. 请假、停薪留职期间严禁与其它用人单位建立劳动关系，违者予以开除。

79. 严禁擅自协助其它企业从本公司挖角或推荐人力，违者予以开除。

80. 未经总管理处许可，严禁发布公司资讯，指示或接受外部媒体采访，违者予以开除。

81. 严禁入侵或破坏公司计算机网路或资讯管理系统，违者予以开除。

82. 未经总管理处许可，严禁向他人提供个人在公司各类资讯系统账号及密码，违者记大过一次，并视当时情形酌情加重。

83. 未经部门主管许可，严禁私自允许公司以外人员使用公司计算机等设备，或允许外访人员的电子设备接入公司网路，违者记大过一次，并视当时情形酌情加重。

84. 未经总管理处许可，严禁私自查阅公司保密文件，违者记大过一次，并视当时情形酌情加重。

85. 严禁发布有损公司利益、形象的信息，违者予以开除。

86. 严禁盗用他人IP、账号或密码，违者予以开除。

87. 违反公司机密及知识产权保护条款，有以下情形之一者，予以开除，情节严重者，追究责任人相关法律责任。

a.泄露或损毁公司机密；

b.为他人盗取、刺探、收买或违章提供公司商业机密；

c.利用职权强制他人违反保密规定；

d.公司机密保管人未尽保管人责任，造成公司商业机密泄露或破坏；

e.未经允许，私自携带公司管制文件出厂；

f.违反公司资讯披露、新闻发言等制度，对外发布或揭露含有公司机密资讯内容。

88. 本公司要求员工在从事利益相关的职位或活动中，严格遵守亲属回避原则。有以下情形之一者，记大过一次，情节严重者，予以开除。

　　a.人员有亲属关系在同一单位工作，未主动汇报公司；

　　b.其中一方担任另一方具有领导管理关系的职务，未主动汇报公司；

　　c.职务上具有监督性质或掌握管理资源者，工作中未主动回避亲属对象；

　　d.具有影响招聘录用结果权利的人员，在招聘录用个人亲属时，未遵守回避原则。

　　九、考勤规范

　　89.全体员工须按时参加早会或晚会，违者警告一次。

　　90.公司会议须准时参加，不得迟到或早退，违者警告一次；不得无故缺席，违者申诫一次。

　　91.上下班不得穿便衣刷卡，违者申诫一次；不得插队，违者警告一次；不得提前等候刷卡或刷整点卡，违者记小过一次；不得上下班串打卡，违者警告一次。

　　92.大门门禁时间为周日至周四24：00～05：00，周五周六取消门禁（节假日另行公告）。门禁时间内，进入厂区者，警告一次；外出厂区者，申诫一次。

　　93.员工打上班卡后必须进入工作职场，如有事确需外出、返宿舍，须开具员工放行条，违者记小过一次。

　　94.不得谎报出勤时间，违者记大过一次。

　　95.严禁托人签到、刷卡或代人签到、刷卡，违者记大过一次。

　　96.连续旷工2日以上或一个月内旷工3天者，予以开除。